金于齋 編

原本
秘傳

그림唐四柱

(附 姓名學·宮合論·擇日·符作法)

明文堂

積善之家必有餘慶
積惡之家必有餘殃

歲在壬午仲冬

金于京書

머 리 말

世人들은 唐四柱라 하면 輕視하는 경향이 있다 이는 中國 唐나라 시대에 盛行되던 이 四

柱學이 數百年을 傳承되어 내려오는 동안 訛傳되고 또 제나름머로 意見을 添加하고 解釋을 달리

하고 보는 方式을 달리 하므로써 衆口難防이 되고 말았기 때문이다 그러나 이번에 펴 늘게되는 이

唐四柱는 解釋과 보는 方式과 그림을 古本에 充實을 期하려고 最善을 다했다 또한 一般 術客에게

도움이 되도록 詳細하게 著述했으며 初心者도 不便없이 解得할 수 있도록 細細한 說明을 붙였다

百고 唐四柱에 덧붙여 그누구나 實用할 수 있는 姓名學、宮合法 擇日法 婚書式、祭文 紙榜쓰는法 符籍

쓰는法 等을 收錄하였다

무릇 易學은 數千年前의 古代 中國에서 發祥된 것으로써 宇宙의 萬物과 萬事를 數와 五行의 理致로

考究하는 學問으로서 이 唐四柱 또시 易學의 背景과 基礎로서 成立된 것이다

사람은 出生될 때에 天地에 彌滿한 宇宙의 氣運을 받는 것인데 그러하기 때문에 그 사람의 出生

年月日時를 알므로써 그 사람의 運命을 豫知할 수 있는 것이다

이 唐四柱도 이러한 理論에 基礎를 두고 있는 것이기에 各者의 避凶取吉에 도움이 되는 거이며

各者의 運勢를 미리 알아 人生行路에 指標를 삼을 수 있는 것이다

古本에 充實하고 適宜한 註釋을 붙이고자 最善을 다했으나 小生이 淺學하여 힘이 미치지 못

햇음을 自愧하며 江湖諸賢의 指導鞭撻을 빌어 마지 않는다

西紀一九七二年 月 日

編 者 識

목 차 (目次)

四柱를 풀이하여 보려면 大十甲子를 알아야 자기에게 부여된 때를 알게 되고 다음으로 자기의 生時를 알아야 풀이하게 되니 다음의 大十甲子와 時間表를 記載하니 參考하라

甲子	丙子	戊子	庚子	壬子
乙丑	丁丑	己丑	辛丑	癸丑
丙寅	戊寅	庚寅	壬寅	甲寅
丁卯	己卯	辛卯	癸卯	乙卯
戊辰	庚辰	壬辰	甲辰	丙辰
己巳	辛巳	癸巳	乙巳	丁巳
庚午	壬午	甲午	丙午	戊午
辛未	癸未	乙未	丁未	己未
壬申	甲申	丙申	戊申	庚申
癸酉	乙酉	丁酉	己酉	辛酉
甲戌	丙戌	戊戌	庚戌	壬戌
乙亥	丁亥	己亥	辛亥	癸亥

※ 時間表

子時	丑時	寅時	卯時
오후 十一時 ~ 오전 一時	오전 一時 ~ 오전 三時	오전 三時 ~ 오전 五時	오전 五時 ~ 오전 七時
辰時	巳時	午時	未時
오전 七時 ~ 오전 九時	오전 九時 ~ 오전 十一時	오전 十一時 ~ 오후 一時	오후 一時 ~ 오후 三時
申時	酉時	戌時	亥時
오후 三時 ~ 오후 五時	오후 五時 ~ 오후 七時	오후 七時 ~ 오후 九時	오후 九時 ~ 오후 十一時

第一編 당사주(唐四柱) 풀이

第一節 전생록(前生錄)

전생록(前生錄)이란 우리 인간(人間)이 저세상에서 무슨 일을 햇으며 이세상에서는 무슨 일을 하여야 하겠는가를 알아 보는 것이다

찾아보는 법은 자기(自己)의 출생년(出生年)인 띠와 자기의 출생(出生)된 달을 맞추어 찾으면 된다

鸚鵡 앵무	青鶴 청학	朱雀 주작	赤鳩 적구	孔雀 공작	白鹿 백록	鴻鵠 홍곡	燕子 연자	老雉 노치	金鷄 금계	獅子 사자	鳳凰 봉황	생월(生月) / 생년(生年)
十二	十一	十	九	八	七	六	五	四	三	二	正	(子) 자
正	十二	十一	十	九	八	七	六	五	四	三	二	(丑) 축
二	正	十二	十一	十	九	八	七	六	五	四	三	(寅) 인
三	二	正	十二	十一	十	九	八	七	六	五	四	(卯) 묘
四	三	二	正	十二	十一	十	九	八	七	六	五	(辰) 진
五	四	三	二	正	十二	十一	十	九	八	七	六	(巳) 사
六	五	四	三	二	正	十二	十一	十	九	八	七	(午) 오
七	六	五	四	三	二	正	十二	十一	十	九	八	(未) 미
八	七	六	五	四	三	二	正	十二	十一	十	九	(申) 신
九	八	七	六	五	四	三	二	正	十二	十一	十	(酉) 유
十	九	八	七	六	五	四	三	二	正	十二	十一	(戌) 술
十一	十	九	八	七	六	五	四	三	二	正	十二	(亥) 해

5

사 자 (獅 子)   # 봉 황 (鳳 凰)

前生牛子
今變獅子
自創家業
多受困厄
高山植木
積火成大
農業軍人
土建之業

전생에는 소로 태어났으나
이 세상에 사자로 변하였다
자수로 성가할 운명이며
모든 파란을 많이 겪는다
높은 산에 나무를 심은 격이니
차차 자라서 크게 되는 상이다
농업이나 군인이 좋으며
토건업을 하여도 좋겠다

前生鼠子
今變鳳凰
爲人聰明
布德四方
文藝出衆
安過平生
教育醫師
辯護公務

전생에 쥐로 되었다가
이 세상에는 봉황이라 한다
사람된 품이 총명하며
덕을 사방에 펴게 된다
글과 기예가 출중하기에
평생을 편히 지낼수 있다
교육자나 의사가 되면 좋고
다음 변호사 공무원도 좋다

노치 (老雉)	금계 (金鷄)

노치 (老雉)

行商亦吉　행상을 하면 좋다
製品理髮　제조업이나 이발업이나
諸厄自滅　모든 액이 스스로 소멸한다
献功金石　부처님 앞에 공을 드리면
每事中折　매사가 중도에 좌절한다
智足多謀　지혜가 많고 꽤가 많으나
今變老雉　이 세상에 노치로 변하엿다
前生兎子　전생에 토끼로 태어나

금계 (金鷄)

會社職員　아니면 회사 직원도 좋다
酒類料食　술장사나 요리업이 좋고
移鄉大吉　고향을 떠나면 성공한다
古土不利　고향이 이롭지 못하니
善功無德　남을 도우나 공이 없다
人德全無　인덕이 전혀 없으리니
今變金鷄　이제 · 금계로 태어 났다
前生虎子　전생에 호랑이로 태어 났으나

홍 곡 (鴻鵠)　　연 자 (燕子)

홍 곡 (鴻鵠)

前生巳子
今變鴻鵠
刑厄隨身
處世愼重
自勤自務
衣食平平
雜貨衣商
收金員吉

전생에 뱀으로 태어나
이 세상에 따오기로 변하엿다
관재 구설이 따라 다니니
처세를 신중하게 하라
자기가 부지런히 노력하면
옷과 먹을 것이 넉넉하다
잡화상이나 옷장사가 좋으며
수금원을 하여도 좋다

연 자 (燕子)

前生龍子
今變燕子
不費自力
好意好食
細柳春風
自由自在
酒商官吏
旅館適業

전생에 용으로 태어나
이 세상에 제비로 변하엿다
크게 노력을 아니하여도
잘 입고 잘 먹을수 있다
가는 버들이 봄바람에 날리듯
자기 마음대로 살수 있다
술장사나 관리가 좋으며
여관업도 적당하리라

공작（孔雀）　｜　백록（白鹿）

백록（白鹿）

前生馬子　전생에　말로　태어나

今變白鹿　이　세상에　사슴으로　되었다

爲人淸秀　위인이　청수하기에

人人仰視　사람마다　우러러　보게　된다

慈善事業　자선사업을　하게　된다면

濟々蒼生　세상　사람을　구제하게　된다

漢醫洋醫　한의사나　양의사가　좋으며

官錄大吉　관록을　먹어도　좋다

공작（孔雀）

前生羊子　전생에　양으로　태어나

今變孔雀　이제　공작으로　변하였다

幼少多疾　어려서는　병이　많더니

中後健康　중년부터　건강하게　된다

坐不安席　앉아　있는　자리가　불안하니

徘徊四方　사방으로　돌아다니게　된다

美術技藝　미술이나　기술업이　좋고

出版紙物　출판이나　종이장사도　좋다

주 작 （朱雀）

前生鷄子
今變朱雀
勞心勞力
僅々得食
官口隨身
献功金石
養魚養鷄
工業大吉

전생에 닭으로 태어나

이 세상에 주작으로 되었다

부지런히 노력을 하여야

겨우 겨우 밥을 먹는다

관재 구설이 따라다니니

부처님 앞에 공을 드리라

양어나 양계가 좋으며

공업도 역시 길하다

적 구 （赤鳩）

前生猿子
今變鳩子
才藝驚人
人德全無
忠言逆耳
與人不和
料食浴業
聲樂亦吉

전생에 잔나비로 태어나

이 세상에 비들기로 되었다

재주가 사람을 놀라게 하나

인덕이 전혀없는 편이다

바른 말이 남의 귀를 거슬리니

나를 좋아하는 사람이 없다

요리업이나 목욕업이나

성악을 하면 좋다

앵무(鸚鵡)

청학(靑鶴)

前生猪子　전생에 돼지로 태어나
今變鸚鵡　이 세상에 앵무로 되었다
言辯過人　말솜씨가 사람을 능가하니
好辯之客　호변지객이라 하겠다
多成多敗　많이 벌고 많이 패하나
千金不絕　천금이 끊기지 아니한다
醫師術業　의사나 술업이 좋고
辯護士吉　변호사를 하여도 좋다

前生狗子　전생에 개로 태어나
今變靑鶴　이 세상에 학으로 되었다
淸直生活　청직한 생활을 하니
名高利薄　이름은 높고 이익은 적다
分數已定　분수가 이미 정하여 졌으니
糞食分外　분수밖을 탐내지 말라
言論詩人　언론가나 시인이 좋으며
敎師大吉　교사를 하여도 역시 좋다

성질(性質)과 나와 인연 있는띠

자기(自己)는 어떤 성질(性質)을 가
지고 있으며 무슨 띠와 평생(平生)을
손잡고 나가는 것이 좋겠는가를 보기
위하여 둥글게 그려진 그림에서 자기
(自己)의 띠를 찾고 그 다음에 그림과
해설(解說)을 찾아 보시라

운명(運命)을 개척(開拓)하는 데에는
성격(性格)의 좋고 나쁨이 크게 작용하는
것인데 타고난 나쁜 성질(性質)우 성심
(誠心)으로 수양(修養) 함으로써 좋은 성격
(性格)을 만들 수 있는 것이다

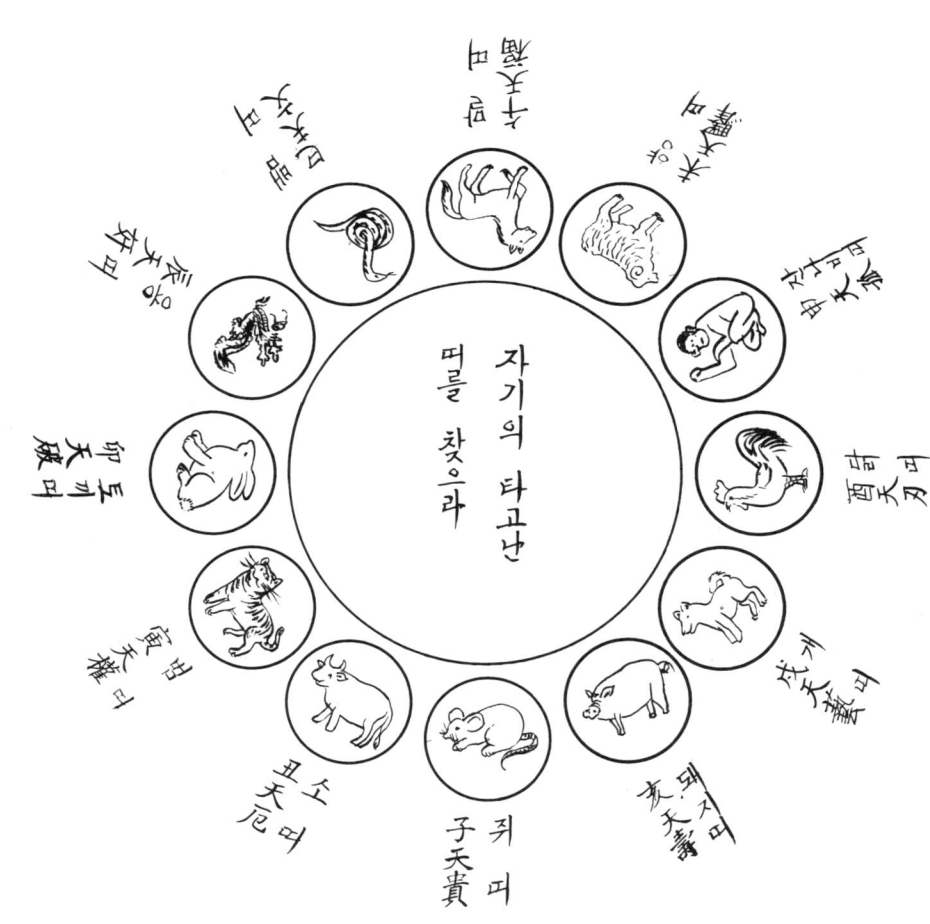

자기의 타고난
띠를 찾으라

자년천귀성 （子年天貴星）

表面温厚
自心未定
内心有曲
使人難測
時有仁慈
時有反撥
與我因緣
申丑巳生

표면은 오후 한듯 하나
자기 마음을 정하지 못한다
속심으로는 오기가 있기에
남들이 그 마음을 추측 못한다
때로는 인자심이 있으나
때로는 반발심이 있다
나와 인연이 있는 띠는
잔나비띠, 소띠, 뱀띠라 하겠다

축년천액성 （丑年天厄星）

正直仁慈
他人受信
特有忍耐
每事勞力
變屈一怒
水火難辨
與我因緣
酉辰子生

정직 인자하기도 하기에
남에게서 신용을 얻는다
특히 인내력이 있기에
모든 일에 꾸준한 노력가다
변굴성이 있어 한번 성을 내면
물과 불을 가리지 않는다
나와 인연이 있는 띠는
닭띠, 용띠, 쥐띠라 하겠다

묘년 천파성 （卯年天破星）

欲進欲止
每事尺度
必有變屈
所欲急進
心之不欲
如石不動
與我因緣
戌亥未生

할까말까하는 성질이 있고
매사를 자로 재듯 하게 된다
반드시 변굴성이 있기에
하고자 하는 일은 급하게 서두른다
마음에 하기싫은 일이 있으면
바위같이 앉아 꼼짝 아니한다
나와 인연이 있는 띠는
개띠 돼지띠 양띠라 하겠다

인년 천권성 （寅年天權星）

性急如火
每事即決
能處事務
指導統率
過激急進
失策原因
與我因緣
午戌友生

성질이 불과 같이 급하기에
모든 일을 즉각 처리한다
사무 처리를 잘 하기에
지도력과 통솔력이 있다
과격한 성질과 급진성이 있어
실수하는 원인이 된다
나와 인연이 있는 띠는
말띠, 개띠, 돼지띠라 하겠다

博學多才
每事細密
静温沈黙
時發暴性
多智敏捷
實行不足
與我因緣
申酉丑生

글도 잘하고 재주도 많으며
매사를 세밀하게 처리 하다
조용하고 침묵한듯 하나
때로는 폭발성을 발휘한다
지혜가 밝고 민첩하기도 하나
실행력이 부족한 편이다
나와 인연이 있는 띠는
잔나비띠 닭띠 소띠라 하겠다

氣質豁達
決事無疑
能慈百穀
雅量豊富
努力特質
固執多分
與我因緣
酉子申生

기질이 활달한 편이니
일을 결정지으면 변동이 없다
능히 백곡을 자양하는 것처럼
아량이 풍부하게 되다
노력하는 특질도 있거니와
고집이 대단한 사람이다
나와 인연이 있는 띠는
닭띠, 쥐띠 잔나비띠라 하겠다

미년 천역성 （未年天驛星）

一見溫厚
堅實努力
快活親切
打算内흰
人情過多
失敗招來
與我因緣
亥卯午生

한번 보아도 온후하며
건실성 잇는 노력가라 하겠다
쾌활하고 친절하기도 하나
타산적인 속셈이 잇다
인정이 너무 많기에
거래하다가 실패를 하게 된다
나와 인연이 잇는 띠는
돼지띠 토끼띠 말띠라 하겠다

오년 천복성 （午年天福星）

活力强盛
寸時不停
臨機應變
社交淡白
性有緩急
粗暴不調
與我因緣
未戌寅生

활동력이 강한 편이기에
잠시도 정지를 하지 않는다
임시응변을 잘 하지만
사교성이 담박한 편이다
느리기도 하고 급하기도 한 성질인데
조폭하기 때문에 고르지 못하다
나와 인연이 잇는 띠는
양띠 개띠 호랑이띠라 하겠다

유년 천인성 　(酉年天刃星)

華麗生活　화려한 생활을 즐기며

常厭人下　아랫사람 노릇하기를 싫어한다

實行力彊　실행력이 강할뿐만 아니라

忍耐亦彊　인내심도 또한 강하다

名譽地位　명예와 지위에 대하여

恒時尊重　항상 존중하게 여긴다

與我因緣　나와 인연있는 띠는

丑巳辰生　소띠, 뱀띠 용띠라 하겠다

신년 천고성 　(申年 天孤星)

忍耐不足　참을성이 부족한 데다가

動止輕率　행동이 경솔 하기도 하다

每事豪言　모든 일처리에 호언장담 하나

龍頭蛇尾　용두사미격이 되고 만다

駑鈍優芳　미련한듯 영리한듯 하니

變化難測　그 변화를 헤아리기 어렵다

與我因緣　나와 인연 있는 띠는

巳子辰生　뱀띠, 쥐띠 용띠라 하겠다

해년 천수성 (亥年天壽星)

思考力深
每事周密
時有和順
時有反撥
湖水一変
大海風浪
與我因緣
卯未寅生

사고력이 깊으기에
매사 처리가 세밀하다
때로는 화슨한 기질을 보이나
때로는 반발심이 있다
호수가 한번 편하면
큰 바다에 풍랑이 된다
나와 인연 있는 띠는
토끼띠, 양띠 범띠라 하겠다

술년 천예성 (戌年天藝星)

意志鐵石
奮鬪努力
他人之事
善能見察
固執剛毅
不和爭論
與我因緣
卯寅午生

의리가 철석 같으니
분투하는 노력가라 하겠다
남의 일에 대하여서는
잘 보아주는 성격이다
고집이 너무 세기에
불화와 쟁론을 일으킨다
나와 인연있는 띠는
토끼띠, 범띠, 말띠라 하겠다

第三節

초년운(初年運)

성질(性質)과 인여왓슬때는 간단하게 자기(自己)의 띠를 찾아보면 되었으나 중년운(中年運)을 볼 때에는 생년(生年)의 띠에서부터 생월(生月)의 달수만큼 꼽아 나가서 달수가 끝나는 곳을 찾는다

예(例) 자생(子生ー쥐띠)의 생월(生月)이 五月이라면 자(子ー쥐)부터 시계방향으로 다섯번 꼽아 나가면 진(辰ー용)에 떨어지니 진(辰ー용)이 뜻하는 월천가성(月天女星)을 보시라

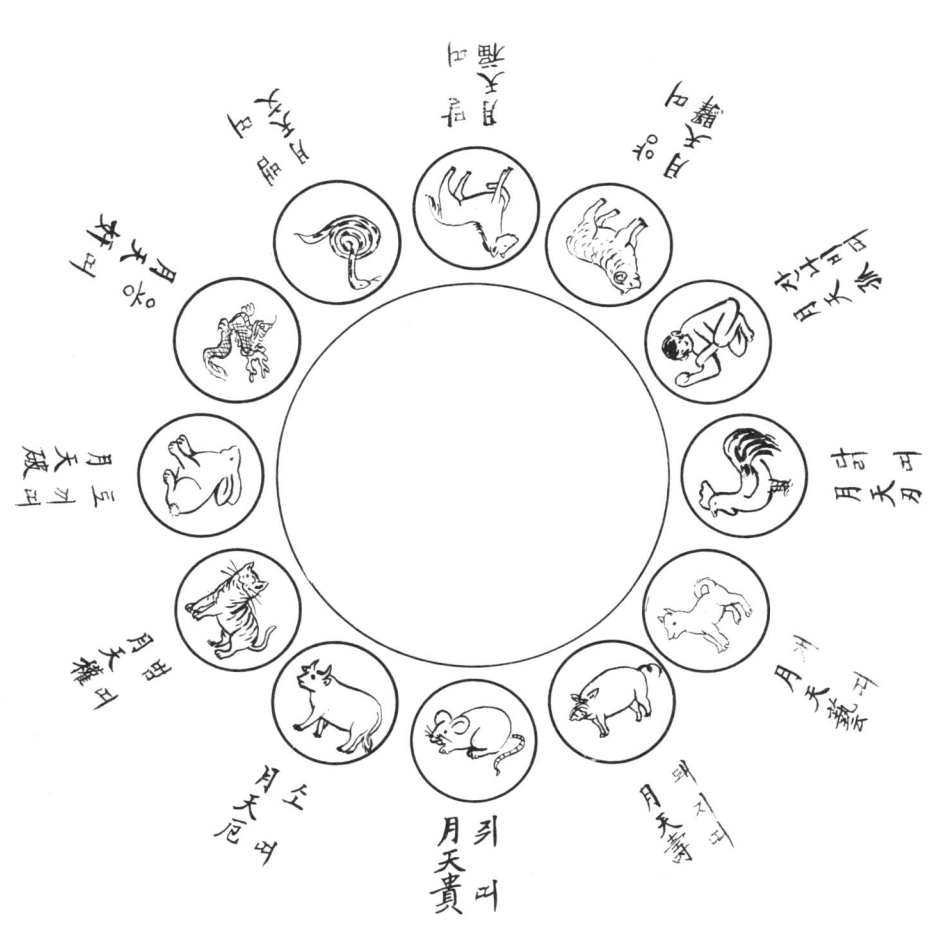

19

 월 천액성 （月天厄星）

 월 천귀성 （月天貴星）

令入厄星
間々疾厄
春草漸長
陽回大地
五大之歲
水厄愼之
此人居地
非山非野

액운의 별이 명에 비쳤으니
간간이 병을 앓는다
봄풀이 차차 자라나는 상이니
햇빛이 대지에 돌아온 격이다
다섯 여섯살 되어서
물조심을 하여야 한다
이 사람이 살 곳은
산도 아니고 들도 아닌 곳이다

令入天貴
萬人仰視
兼得聰明
能修學業
二五之歲
一過難境
此人居地
平野大吉

명에 천귀성이 들어 있으니
만 사람이 우러러 본다
겸하여 총명하기도 하니
능히 학업을 닦을 수 있다
두살 다섯살 사이에
한 차례 고경을 넘기게 된다
이 사람의 살 곳을 보면
평야에서 사는 것이 좋다

20

월 천권성 (月天權星)

權星照命
頭領之格
好施何人
善功無德
七八之歲
落傷愼之
此人居地
高山之下

권세있는 별이 명에 비치니
어디로 가나 두목이 된다
남에게 아무리 좋게 하나
그 은혜를 알지 못한다
일곱 여덟살 때에
낙상수를 조심하라
이 사람의 살 곳은 어디인가
높은 산 아래라 하겠다

월 천파성 (月天破星)

命入天破
每事中折
早失父母
不然移鄉
八十之歲
苦杯難免
此人居地
河川之邊

천파성이 명에 비치었으니
모든 일이 중도에서 꺾어진다
일찍이 부모를 여의지 않으면
고향을 떠나갈 운명 이다
여덟살 열살이 되는 때에
고배를 면하기 어렵다
이 사람의 살 곳을 찾아 보면
하천 곁이 좋다고 하겠다

命入文星
爲人好學
火年之時
才藝出衆
三大之歲
絶處逢生
此人居地
五柳之下

명에 문성이 들어 있으니
사람됨이 학문을 좋아 한다
나이 어려서 자랄 때부터
재주와 예술이 출중 하더라
세살이나 여섯살이 되었을 때
죽을 고비를 넘기게 된다
이 사람의 살 곳을 보면
다섯 버드나무 밑에 삶이 좋다

命入奸星
智足多謀
少年之時
花逢三月
四八之歲
火厄愼之
此人居地
大海之邊

명에 천간성이 비치었으니
지혜가 족하고 꾀가 많도다
소년 시절이 되었는데
꽃이 삼월을 만난 것과 같다
비살이나 여덟살 때에
불을 조심 하여야 한다
이 사람의 살 곳을 보게 되면
바닷가라 하겠다

 월 천역성 （月天驛星）

 월 천복성 （月天福星）

월 천복성 （月天福星）

命入福星　명에 북성이 들어 잇으니

食祿津津　먹고 입을 것이 진진하다

大難之中　크게 어려운 가운데 에서도

貴人扶助　귀인이 잇어 도와주게 된다

十歲十歲　열살 열한살 때에

魚龍失水　물고기와 용이 물을 잃은 격이다

此人居地　이 사람의 살 곳을 보면

竹林之下　대나무 숲 아래에 살면 좋다

월 천역성 （月天驛星）

命入天驛　명에 천역성이 들어 잇으니

外洋出入　외국을 마음대로 출입한다

有順逢順　순한 것이 잇어 순하게 되니

到處春風　가는 곳마다 봄바람이다

七歲十二歲　일곱살 열두살 사이에

車馬愼之　차나 말을 조심 하여야 한다

此人居地　이 사람 살곳을 보게 되면

大道之邊　큰 길가에서 살면 좋다

월 천인성 (月天刃星)

命入刃星　명에 천인성이 들어 있으니
身上有欠　몸에 흉터가 있기 쉽다
武術專攻　무술을 전공하게 되면
名振四海　이름이 사방에 떨칠 것이다
四歲七歲　네살 일곱살 사이에
猛犬愼之　사나운 개를 조심 하여라
此人居地　이 사람의 살 곳을 보면
都市之邊　도시 주변에서 사는 것이 좋다

월 천고성 (月天孤星)

命入孤星　명에 천고성이 들어 있으니
一身孤獨　일신이 고독하게 되어 있다
早折竹枝　일찍 아버지를 잃어버리고
徘徊東西　동서로 돌아다니게 된다
三歲五歲　세살 다섯살 사이에
水火愼之　불이나 물을 조심 하여라
此人居地　이 사람의 살곳을 보게 되면
大松之下　큰 소나무 밑이 좋으리라.

命入壽星
技藝豐足
初年安樂
中運失敗
三歲五歲
一經大厄
此人居地
橋梁之邊

명에 천수성이 들어 왔으니
기술과 예술성이 풍부하다
어려서 즐겁고 편안 하다가
중년에 실폐수가 있다
세살 다섯살 사이에
한번 큰 액운을 겪어야 한다
이 사람의 살 곳은 어디인가
다리 옆에 살아야 좋다

命入藝星
身体健全
暗裏得燭
意氣揚揚
三歲四歲
一有大驚
此人居地
古木之下

명에 천예성이 들어 있으니
신체가 건전하여지게 된다
어두은 밤에 촛불을 얻으니
뜻과 기운이 양양하게 된다
세살 네살 사이에
한번 크게 놀랄 일이 있으리라
이 사람의 살 곳은 어디인가
고목나무 아래라 하겠다

第四節

중년운(中年運)

먼저 생년(生年)의 띠에서부터 생월(生月)의 달수만큼 꼽아나가서 끝나는 곳을 찾는다 다음 그 끝난 곳에서 생일(生日)의 날수만큼(十五일이 생일이면 열다섯번) 꼽아나가서 끝나는 곳을 찾는다

예(例)

자년(子年) 五월 十五일생 이라면 자년(子年)ー쥐부터 다섯번 꼽아나가니 진(辰)ー용에서 끝나고 다시 그 진(辰)에서 열다섯번을 꼽아 나가면 오(午ー말)에서 끝난다 그러므로 이 사람의 중년운(中年運)은 오(午)가 뜻하는 일천복성(日天福星)에 해당한다

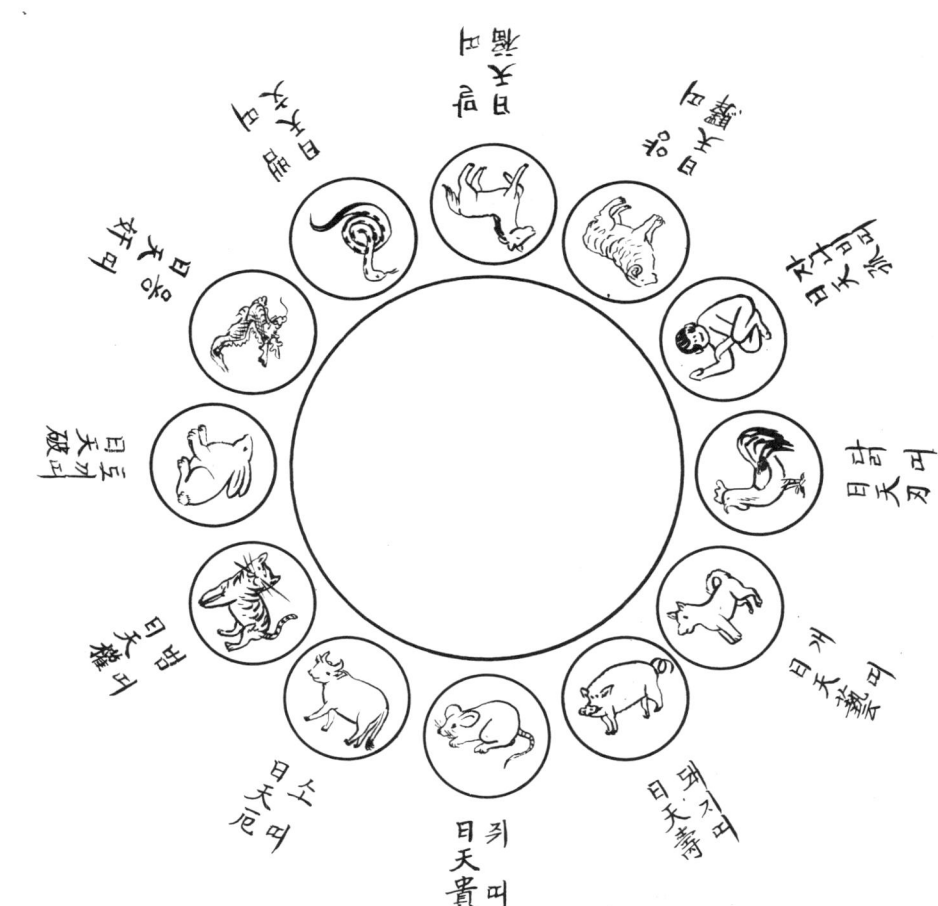

26

<table>
<tr><td>

 일 천액성 （日天厄星）

日入厄星　일에 천액성이 들어 있으니

間間災厄　종종 재앙을 만나게 된다

人德全無　인덕이 전연 없게 되었으니

善功無德　남을 도와주나 덕이 없다

善計無用　좋은 꾀를 쓸 곳이 없게 되니

每事中折　모든 일이 중도에서 좌절한다

火得平安　살림이 차차 나아가게 되면

火厄愼之　화액을 조심 하여야 한다

</td><td>

 일 천귀성 （日天貴星）

日入貴星　일에 천귀성이 들어 있으니

幸福之人　행복하게 살 사람이라 하겠다

初年太平　초년은 태평하게 살겠지만

中年挫折　중년에 좌절수가 있으리라

多成多敗　성공과 실패가 자주 엇갈리니

一時之厄　이것은 일시의 액이라 하겠다

外洋出入　외국을 왔다갔다 하라가

終必成功　끝에 가서는 성공하게 된다

</td></tr>
</table>

 일 천파성 （日天破星）

 일 천권성 （日天權星）

日入破星
每事多敗
錐多努力
事々水泡
七星献功
可免此厄
破家之後
移去他鄉

일이 천파성을 만나게 되니
모든 일에 실패수가 많다
비록 노력은 많이 하고 있으나
일일이 모두 수포로 돌아간다
칠성에 공을 들이게 되면
가히 이 액을 면 하리라
패가를 하고 난 뒤에
고향을 떠나 가게 될 운명이다

日入權星
統率萬人
一時揚名
意外失敗
嚴業太多
移徙頻煩
更有回運
權威堂々

일에 천권성이 들어 있으니
만 사람을 거느리게 된다
한때 이름을 떨치다가
뜻밖에 실패수가 있게 된다
직업을 여러번 바꾸게 되고
자주 이사를 하게 된다
다시 운수가 돌아오게 되니
천세와 위엄이 당당하게 된다

 일 천문성 （日天文星）

 일 천간성 （日天奸星）

日入文星
文學成功
一聞千悟
才藝過人
風霜過後
生氣漸生
人生如流
有味中年

일에 천문성이 들어 있으니

문학으로 성공을 하게 된다

한번 들으면 천가지나 깨달으니

재주와 예술이 사람을 능가 한다

많은 고생을 겪은 뒤에

생기가 차차 나게 된다

인생이 흘러가는 물과 같지만

중년을 재미 있게 살아 산다

日入奸星
用謀非常
紹介業吉
代書亦吉
柱中又辰
大富大貴
一時苦杯
終得回春

일에 천간성이 들어 있으니

꾀 쓰는 것이 비상하게 된다

소개업을 하여도 좋고

대서업을 하여도 좋다

사주에서 다시 진자를 만나면

큰 부자가 아니면 귀하게 된다

일시적 고통을 받다가

다시 잘 살게 되리라

일 천역성 （日天驛星）	일 천복성 （日天福星）

일 천역성 （日天驛星）

日入驛星
일에 천역성이 들어 잇으니

四方徘徊
사방으로 돌아 다녀야 하리라

在家不安
집에 잇으면 편안하지 못하나

出外心活
밖에 나가면 마음이 편안하다

豫無出係
남의 부모를 섬기지 않으려면

離鄉大吉
고향을 떠나는 것이 좋다

事々多敗
일마다 실패수가 많드니

枯木逢春
고목이 봄을 만난 격이 된다

일 천복성 （日天福星）

日入福星
일에 천복성이 들어 잇으니

食祿有餘
먹을 것이 넉넉한 편이다

活動力彊
활동력이 강한 편이니

自手成家
자수로 성가할 운명 이로다

人情太多
인정이 너무 많기에

因人損財
사람으로 인하여 손재하게 된다

意外橫財
뜻밖에 횡재수가 잇으니

前後露積
앞뒤로 노적을 쌓고 산다

일 천인성 （日天刃星）　　일 천고성 （日天孤星）

日入刃星
일에 천인성이 들어 있으니

身上有欠
몸에 흠터가 있게 된다

武藝專功
무예를 전공하게 된다면

武官出世
무관으로 출세할수 있다

初年大敗
초년에 큰 파산수가 있으나

中年復舊
중년에 들어서 다시 회복한다

或有養魚
혹 양어를 하게 된다면

高必成功
반드시 큰 성공을 한다

日入孤星
일에 천고성이 들어 있으니

孤獨之人
고독한 사람이라 하겠다

財散人離
파재수도 있고 이별수도 있으니

悲哀難禁
한없는 슬픔을 금하지 못한다

狂風一過
풍파가 한차례 지나고 나니

名利更新
이름도 나고 돈도 생겨 좋게 된다

欲免此厄
이러한 액을 면하고자 하면

名山祈禱
이름난 산에 기도를 하여라

일 천수성 （日天壽星）

日入壽星
長壽之命
自動自務
積小成大
三四失敗
黃牛一毛
畜産事業
一攫千金

일에 천수성이 들어 있으니

오래 살 운명이라 하겠다

스스로 부지런히 힘쓰나

작은 것이 쌓이어 크게 된다

실패수가 서너번 있으나

황소에 털 하나 빠진 격이다

축산사업을 하게 되면

단번에 천금을 얻게 될 운명이다

일 천예성 （日天藝星）

日入藝星
技藝得名
日麗中天
金玉滿堂
急昇急降
山高谷深
造林事業
大富可期

일에 천예성이 들어 있으니

기술이나 예술로 이름을 얻는다

날이 중천에 밝았으니

재물이 창고에 가득 차게 된다

성공과 실패가 엇갈리나

산은 높고 골짜기는 깊도다

조림사업을 하게 되면

큰 부자가 될 것이다

第五節

말년운 (末年運)

인생의 운명은 말년이 가장 중요한 것

이니 아래 그림과 설명을 보라

예(例) 자년(子年—쥐띠) 오월(五月) 십

오일(十五日) 신시생(申時生)의 말년운을 보자

면 앞에서 설명한 대로 먼저 초년운(初年運)

인 월천간성(月天奸星)과 중년운(中年運)인

일천복성(日天福星)을 찾는다 그 다음 이

자리(午—말)에서 자·축·인·묘·진·사·오·미

신·유·술·해(子丑寅卯辰巳午未申

酉戌亥)의 십이시(十二時) 가운데 신시(申

時)는 아홉번째 이니 오(午—말)에서 아

홉번을 곱아 나가서 끝나는 자리가 시천

천성(時天權星)이 된다

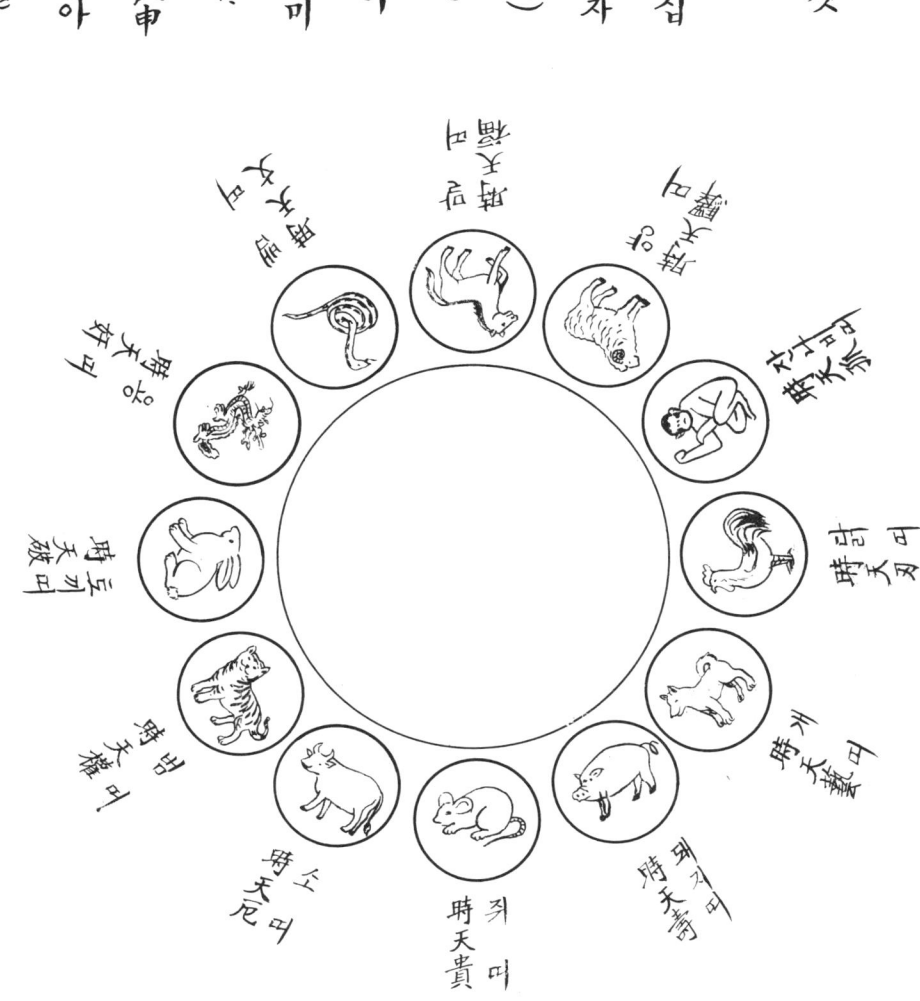

33

 시 천액성 （時天厄星）

 시 천귀성 （時天貴星）

時天貴星

天上仙官　천상에서 신선노릇 하다가
謫下人間　인간으로 귀양살이를 왔으니
初中之年　초년 중년 사이에 들어
速成速敗　속성 속패를 거듭하리라
雲捲青天　구름이 걷히고 하늘이 맑아지니
日月更明　해와 달이 다시 빛을 보내도다
老年之運　노년의 운수를 보게 되면
屋上加屋　집 위에 집을 더하게 되리라

時天厄星

東奔西走　여기 저기를 바쁘게 돌아다니나
食少事煩　먹을 것은 적고 일만 많구나
田顧往年　지난날을 되돌아 보니
虛送歲月　하는 일 없이 세월만 보냈도다
天狗作害　천구가 해를 끼치는 것이니
鮮然發榮　살을 푼다면 오히려 영화로우리라
寒谷回春　찬골짜기에 봄이 돌아오니
衣食有餘　재산이 남아 돌아가게 되리라

佛前獻功
天狗作害
老年生光
自手成家
幾敗家産
初中之年
一生不安
若無欠厄

만일 흥터가 있지 아니하면
일생을 편하게 지낼수 없다
초년 중년의 사이에
몇번이나 살림을 뒤엎으리라
자수로 성가를 하였으나
늦게야 빛이 나게 되었다
천구가 해를 끼치니
부처님 앞에 공을 들여라

武官之職
名振四海
不屈人下
處世多難
何地居住
頭領之格
一敗一興
魚得深水

무관의 자리를 얻게 되면
이름이 널리 떨치게 된다
남에게 굽히지 않으려 하기에
처세에 어려운 일이 많으리라
어떤 곳에 가서 살더라도
우두머리 노릇을 하게 되리라
한번 패하면 한번 일어나게 되니
고기가 깊은 물을 얻은 격이다

三人同行 세 사람이 동행하여 가는데
二人盜者 두 사람이 도적놈 이로다
官口愼之 관재 구설을 조심하라
刑厄之数 형액수가 있게 된다
欲免此厄 이 액을 면하고자 하거든
無右奉祀 후손없는 영혼을 제사지냄이 좋다
晚年之運 말년의 운수를 보게 되면
暗裏得燭 어둠 속에 촛불을 얻은 격이다

少年之事 소년 시절에 지나간 일은
有名無實 이름만 있고 실속은 없도다
雖多努力 비록 노력은 많이 하나
不受代價 그 댓가를 받지 못한다
欲速不達 급하게 하여도 되지 아니하니
待時而行 때를 기다려 행동을 하여라
老年之運 노년의 운수를 보게 되면
錦衣還鄉 비단옷을 입고 고향에 돌아오리라

時 天福星

初年多恨　초년에 한스러운 일이 많았으나

時來成家　때가 오니 가정을 이루게 되었더라

前後露積　앞뒤에 노적을 쌓아 두고

食客数千　식객이 수천이나 된다

用錢如水　돈을 물쓰듯 하여도

日入千金　날로 천금이 들어온다

日暖風和　날씨는 따스하고 바람이 화하니

桃梨争發　복숭아꽃과 배꽃이 다투어 핀다

時 天驛星

人生行路　인생의 행로를 더듬어 보니

山高谷深　산은 높고 골짜기는 깊도다

欲渡江河　강을 건너고자 하나

臨津無船　나루에 배가 없는 격이로다

厄運已過　액운이 이미 가고

日就月將　나날이 다달이 발전하게 된다

晚時生光　늦게야 빛이 나는 격이니

籠鳥出門　갇혀 있던 새가 공중을 나는 격이다

 시 천인성 （時 天刃星）

 시 천고성 （時 天孤星）

初中之時
多成多敗
信斧割足
莫信他人
一進一退
人生常事
彌勒献功
必成
大功

초년 중년의 시절에는
많이 벌고 많이 없앴도다
믿은 도끼에 발을 찍힌 격이니
타인을 절대로 믿지 말아라
한번 나아가면 한번 물러가는 것은
인생 살이에 으레 있는 일이로다
미륵불에 공을 들이면
반드시 큰 공을 세우게 된다

每事多魔
無情歲月
善功無德
誰知我心
獨守空房
悲淚難禁
欲免此厄
七星献功

매사에 장애가 많으니
무정한 세월이라 하겠다
남을 도우나 그 은덕을 모르니
누가 내마음을 알아주랴
홀로 빈방을 지키고 있으니
슬픈 눈물을 금할길 없도다
이 액을 면하고자 하면
칠성에 공을 들여라

38

 시 천수성 （時 天壽星）　　 시 천예성 （時 天藝星）

右panel	左panel

若非功名　만일 공을 세우지 못하면

東西流離　이곳 저곳으로 떠돌아 다니리라

用謀非常　꾀쓰는 것이 비상하다 하나

重々損財　거듭 거듭 손재수만 있다

意外得財　뜻밖에 재물을 얻어서

富名可期　부자 노릇을 하게 된다

馳馬長安　말을 타고 장안을 달리니

春風得意　봄바람에 뜻을 얻게 된다

緋細四方　사방으로 돌아다녀 보아도

損者三友　손해 끼치는 사람 뿐이었도다

一時露宿　한때는 가난하게 지내며

天地爲家　하늘과 땅으로 집을 삼았다

歲月如流　세월이 흘러가는 동안에

偶然得財　우연히 재물을 얻게 되리니

若有農業　만일 농업을 하게 되면

大富之命　큰 부자가 될 운명이로다

第六節
복성(福星)

인간(人間)이 누리는 복(福)은
하늘이 정하여 준 것과 개개인
(個個人)의 성심(誠心)과 노력(努
力)으로 얻는 것이 합쳐진 것이다
여기에서는 인간의 생년월일
시(生年月日時)에 의하여 정하
여진 복(福)을 알아보는 것이다
조견표(早見表)에서 찾아보는
법(法)은 자기(自己) 생년(生年)
의 천간자(天干字)를 생시(生時)의 지지
(地支)에 맞추면 그 오른편에 해당된
복성이 있다

생시지지(生時地支) / 생년천간(生年天干) 복성(福星)	甲年生 (갑년생)	乙年生 (을년생)	丙年生 (병년생)	丁年生 (정년생)	戊年生 (무년생)	己年生 (기년생)	庚年生 (경년생)	辛年生 (신년생)	壬年生 (임년생)	癸年生 (계년생)
관官복福	해시(亥)	자시(子)	신시(申)	유시(酉)	인시(寅)	묘시(卯)	오시(午)	사시(巳)	술시(戌)	미시(未)
예藝귀貴	해시(亥)	자시(子)	유시(酉)	유시(酉)	인시(寅)	묘시(卯)	오시(午)	사시(巳)	술시(戌)	미시(未)
귀貴왕旺	인시(寅)	유시(酉)	인시(寅)	술시(戌)	술시(戌)	진시(辰)	신시(申)	유시(酉)	미시(未)	진시(辰)
극極을乙부夫	묘시(卯)	묘시(卯)	인시(寅)	인시(寅)	진시(辰)	사시(巳)	유시(酉)	유시(酉)	미시(未)	진시(辰)
함合거巨	묘시(卯)	신시(申)	진시(辰)	진시(辰)	진시(辰)	사시(巳)	오시(午)	술시(戌)	묘시(卯)	인시(寅)
고庫무武	진시(辰)	신시(申)	술시(戌)	해시(亥)	진시(辰)	해시(亥)	자시(子)	술시(戌)	묘시(卯)	인시(寅)
식食증增	미시(未)	축시(丑)	진시(辰)	진시(辰)	진시(辰)	사시(巳)	미시(未)	술시(戌)	신시(申)	유시(酉)
문門인印	진시(辰)	축시(丑)	미시(未)	자시(子)	술시(戌)	해시(亥)	자시(子)	묘시(卯)	신시(申)	유시(酉)
하河인印	묘시(卯)	진시(辰)	인시(寅)	자시(子)	유시(酉)	신시(申)	미시(未)	묘시(卯)	유시(酉)	유시(酉)
산山과官	축시(丑)	진시(辰)	인시(寅)	자시(子)	유시(酉)	신시(申)	미시(未)	진시(辰)	유시(酉)	술시(戌)
횡橫시施	축시(丑)	묘시(卯)	인시(寅)	자시(子)	유시(酉)	신시(申)	미시(未)	인시(寅)	유시(酉)	술시(戌)
고庫재財	진시(辰)	유시(酉)	인시(寅)	자시(子)	미시(未)	묘시(卯)	오시(午)	인시(寅)	오시(午)	사시(巳)

복관(福官)

命逢福官　명에서 복관을 만났으니

每事有福　모든 일에 복이 있게 되었다

百難之中　백가지 어려움이 닥쳐오나

自然脫出　자연히 벗어나게 되리라

之南之北　남으로 가고 북으로 가다 하여도

頭領之運　우두머리 노릇을 하게 되리라

此人食祿　이 사람의 식록을 보면

一日百兩　하루 백냥복을 탔도다

귀예(貴藝)

命入貴藝　명에 귀예성이 들었으니

才智過人　재주와 지혜가 사람을 능가 하리라

聞一知十　하나를 들으면 열가지를 알게 되니

百事敏捷　백가지 일에 민첩함이 있다

手藝能通　손재주가 뛰어날 뿐만 아니라

音樂有能　음악에도 능함이 있도다

此人福祿　이 사람의 복과 누을 보면

一日十兩　하루 열냥복을 타고 났도다

왕극(旺極)

命入旺極
氣高萬丈
一呼百諾
食客数千
屋上加屋
錦上添花
此人福祿
一日千両

명에 왕극성이 들었으니
기세 높기가 만장이나 된다
한번 불르면 백사람이 대답하니
식객이 수천명이나 되리라
집위에 집을 더하였고
비단위에 꽃을 더하였도다
이 사람의 복록을 보게 되면
하루 천냥복을 타고났구나

합을(合乙)

命入合乙
時雨滋苗
文學有能
爲人清秀
名高利薄
清直生活
此人食祿
一日五両

명에 합을이 들었으니
때맞춰 오는비가 싹을 기르는 것같도다
문학에 소질이 있으며
사람됨이 청수 하기도 하다
명성은 높으나 재물은 모으지 못하니
깨끗한 생활을 하게 되리라
이 사람의 식록을 보게 되면
하루 다섯냥 복을 타고 났다

거 부（巨 夫）

命入巨夫
爲人俊秀
忠義之士
名傳千秋
萬難克服
不屈人下
此人福祿
一日七兩

명에 거부가 들어 있으니
사람됨이 매우 준수 하리라
충성과 신의있는 선비이니
이름이 천추에 전해지리라
수많은 어려움을 극복하며
남에게 굽히지를 아니한다
이 사람의 복록을 보면
하루 일곱냥 복을 탔다

무 고（武 庫）

命入武庫
武官最吉
能決千人
仁聲萬里
女人多乱
男子出世
此人福祿
一日九兩

명에 무고별이 들어 있으니
무관을 하는 것이 가장 좋다
능히 천사람을 판결지으니
어진 소리가 만리에 떨친다
여자는 파란이 많게 되나
남자는 출세를 하게 된다
이 사람의 복록을 보게 되면
하루 아홉냥 복을 타고 났다

인문(印門)　증식(增食)

인문(印門)

命入印門　명에 인문성이 들어 있으니

官祿最宜　관록을 먹는 것이 가장 좋다

山積文書　산같이 쌓여있는 문서를

每日處決　매일 처결하고 있으리라

事業無緣　사업에 인연이 없으니

不商不農　장사도 말고 농사도 말라

此人福祿　이 사람의 복록을 보면

一日三兩　하루 석냥 복록을 타고 났다

증식(增食)

命入增食　명에 증식이 들어 있으니

衣食豊足　옷과 먹을 것이 풍족 하도다

每事有順　모든 일이 순조롭게 되니

不勞自得　힘이 아니들고 스스로 얻는다

農場廣濶　농장이 광활하기 때문에

前後露積　앞뒤로 그적을 쌓게 된다

此人福祿　이 사람의 복록을 보게 되니

一日八兩　하루에 여덟냥 복을 타고 났다

관 인 (官印)   산 하 (山河)

命入官印
大官可期
議政壇上
政治外交
外洋出入
周遊天下
此人福祿
一日六兩

명에 관인이 들어 있으니
대관을 하게 되어 있다
의정 단상에 있으면서
정치 외교를 하는 것이 좋다
외양에 출입을 하게 되었으니
두루 천하에서 늘게 된다
이 사람의 복록을 보게 되면
하루 여섯냥 복을 타고 났다

命入山河
福祿津々
乃積乃倉
漢倉紅腐
向者有功
動則見利
此人福祿
一日千金

명에 산하가 들어 있으니
복과 곡이 진진하게 되다
많이 쌓아 놓고 창고에 가득하니
한나라 창고에 곡식이 썩듯 한다
가는 곳마다 공이 있으니
움직이면 이득을 보게 된다
이 사람의 복록을 보게 되면
하루 천냥 복을 타고 났더라

재 고 (財庫)

命入財庫
大富之人
高山植木
積小成大
以羊易牛
其利不少
此人福祿
一日萬兩

명에 재고가 들어 있으니
곧 부자가 될 사람이로다
높은 산에 나무를 심으니
적은 것을 쌓아 큰 것을 이룬다
양으로써 소와 바꾸게 되니
그 이득이 적지 아니 하다
이 사람의 복록을 보게 되면
하루 만냥복을 타고 났다

시 횡 (施橫)

命入施橫
慈善事業
建立學院
名傳千秋
積德積善
必有餘慶
此人福祿
一日二兩

명에 시횡이 들어 있으니
자선사업을 하는 것이 좋다
학원을 세워놓게 되면
이름이 천추에 전해진다
덕을 쌓고 선을 베풀게 되면
반드시 남은 경사가 있다
이 사람의 복록을 보게 되면
하루 두냥 복을 타고 났다

흉성 (凶星)

짧고 긴 인생(人生) 길에 인간(人間)은 가지가지 액운(厄運)을 만난다 각자(各者)는 자기(自己) 운명(運命)에 들어 있는 흉성(凶星)을 미리 알아 조신(操身)하라

흉성(凶星)을 찾는 법은 자기(自己) 출생년(出生年)의 천간(天干)의 줄에서 생월(生月)을 찾아 오른편 열으로 보면 해당된 흉성이 있다

흉성 (생월\천간생년)	甲年生 (갑년생)	乙年生 (을년생)	丙年生 (병년생)	丁年生 (정년생)	戊年生 (무년생)	己年生 (기년생)	庚年生 (경년생)	辛年生 (신년생)	壬年生 (임년생)	癸年生 (계년생)
진辰 (고孤과寡)	十二	八	九	四	二	一	七	八	三	十二
수宿	十三	八	九	四	二	一	七	八	三	十三
패敗 (대大)	二	二	二	二	三	九	四	五	十二	九
랑狼 (적赤)	二	一	二	二	三	九	四	五	十三	九
패敗 (팔八)	七	五	十二	十三	四	五	六	三	一	二
랑狼 (천天)	七	五	十二	九	四	五	六	三	一	二
랑狼 (소小)	十二	十三	十三	十	十	十一	十	十一	十二	七
가家 (파破)	十二	十一	十一	十	十	十一	十一	十一	十二	七
형刑 (삼三)	十一	六	十	七	七	八	十二	九	十	三
합合 (육六)	六	六	十	七	七	八	十三	九	十	三
모耗 (대大)	四	一	五	五	十一	十	一	二	四	五
관關 (사四)	十	一	五	五	十一	十	一	二	四	五

과숙살 (寡宿殺)

寡宿入命
夫婦無緣
生死離別
悲淚難禁
霜滿秋千
一雁孤飛
欲免此厄
獻功佛前

명에 과숙살이 들어 있으니
부부의 인연이 없게 된다
생이별 아니면 죽음으로 이별하느
슬픈 눈물을 금할 수가 없다
서리오는 가을 하늘에
한 기러기가 외롭게 날아간다
이와 같은 액을 면하려면
부처님 앞에 공을 들여라

고진살 (孤辰殺)

命入孤殺
獨坐嘆息
兄弟無緣
大親無德
好施他人
善功無德
欲免此厄
七星獻功

명에 고진살이 들어 있으니
홀로 앉아 탄식을 하게 되며
형제간에 인연이 없게 되다
육친과도 덕이 없게 된다
아무리 남에게 좋은 일을 하나
선공 무덕이 되고 말아 버리다
이 액을 면하고자 하거든
칠성에 공을 들여야 한다

적랑살 (赤狼殺)

命入赤狼
火厄愼之
天鬼作害
每事中折
謀事不成
虛送歲月
欲免此厄
古木献功

명에 적랑살이 들어 있으니
불을 조심 하여야 한다
요망한 귀신이 해를 끼치니
모든 일이 중도에 꺾어 진다
꾀하는 일이 이루어지지 아니하고
허망하게 세월만 보내게 된다
이 액을 면 하고자 하거든
고목나무에 공을 들여라

대패살 (大敗殺)

命入大敗
大厄間間
一二三次
興敗多端
有財多病
貪則長壽
欲免此厄
無后奉祀

명에 대패살이 들어 있으니
큰 액이 간간 있게 된다
한차례 두차례 세차례나
흥패가 거듭거듭 반복되니
재물이 있으면 병이 많고
가난하면 장수 하게 된다
이 액을 면 하고자 하면
후손 없는 혼백을 제사 지내라

천 랑 살 (天狼殺)

天狼入命
短命可畏
車馬愼之
一驚大厄
五鬼滿林
百事衰敗
欲免此厄
石佛献功

천랑살이 명에 들어 있으니
수명이 짧을가 두렵도다
교통 사고를 조심 하여야 하고
한차례 그게 놀랄 일이 있으리라
오귀가 숲속에 가득 차 있으니
백가지 일이 쇠패 하여간다
이 액을 면 하고자 하거든
돌부처에 공을 들이면 좋다

팔 패 살 (八敗殺)

八敗命入
虚往虚來
游魚失水
秋草逢霜
之東之西
一事無成
欲免此厄
名山祈禱

명에 팔패살이 들어 있으니
허망하게 가고 허망하게 오도다
헤엄치는 고기가 물을 잃은 격이고
가을 풀이 서리를 만난 격이라
동쪽으로 가고 서쪽으로 가도
한가지 일도 이루어짐이 없다
이 액을 면 하고자 하거든
이름난 산에 기도를 하라

소 랑 살 (小狼殺)

命入破家
多經困厄
盛業之中
意外挫折
信斧割足
一朝散敗
欲免此厄
種樹萬柱

小狼入命
水厄愼之
早夭怨鬼
家宅騷亂
欲速不達
有頭無尾
欲免此厄
活人功德

명에 파가살이 들어 있으니

여러번 액운을 겪게 되리라

일이 잘 되어 가는 중에도

뜻밖에 꺾어지는 일이 있도다

믿는 도끼에 발을 찍혔으니

하루아침에 재물이 흩어진다

이 액을 면 하고자 하거든

만 그루의 나무를 심어야 한다

명에 소랑살이 들어 있으니

수액을 조심 하여야 한다

일찍기 죽은 원통한 귀신이

집안을 소란하게 한다

급히 하고자 하나 되지 아니하니

머리는 있고 꼬리는 없다

이 액을 면 하고자 하거든

어렵고 가난한 사람을 도와주라

육합살 (六合殺)

命入六合
難中有救
速成速敗
一喜一悲
不意成功
不意失敗
欲免此厄
孤兒救助

명에 육합이 들어 있으니
어려울 가운데 구조됨이 있다
속히 이루어지고 속히 패하니
한번은 기쁘고 한번은 슬프게 된다
뜻하지 아니하여 성공되고
뜻하지 아니하여 패하게 된다
이 액을 면 하고자 하거든
고아 구제사업을 하여라

삼형살 (三刑殺)

三刑入命
間間刑厄
官災隨身
口舌不絕
人德全無
善功無德
欲免此厄
積善積德

명에 삼형살이 들어 있으니
종종 형액수가 있게 된다
관재가 몸에 따라다니고
구설수가 그치지 아니한다
인덕이 전혀 없게 되었으니
남에게 잘 하여도 덕이 없게 된다
이 액을 면 하고자 하거든
착한 일을 많이 하고 덕을 쌓으라

사관살(四關殺)

彌勒献功
欲免此厄
火厄愼之
水厄愼之
可畏癈疾
若無折傷
身上有厄
命入四關

명에 사관살이 들어 있으니
몸에 지장이 잇게 되리라
만일 수족이 절단되지 않으면
페질이 가히 무서웁게 된다
수액도 조심 하여야 되고
화액수도 조심 하여야 한다
이 액을 면 하고자 하거든
미륵불에 공을 들여야 한다

대모살(大耗殺)

山川祈禱
欲免此厄
損者三友
勿信他人
難受代價
誠心努力
砂上樓閣
大耗入命

명에 대모살이 들어 잇으니
모래 위에 지은 집과 같다
지성스럽게 노력을 하여도
댓가를 받기 어렵게 되었다
남을 믿어서는 아니된다
손해 끼치는 벗이 세사람이다
이 액을 면 하고자 하거든
산천에 기도를 들여야 한다

第八節

직업 (職業)

인구(人口)가 늘어나고 사회(社會)가 나
날이 복잡해집에 따라 우리가 종사
(從事)하는 직업(職業)은 수만가지에
달한다 그러므로 여기에서는 각자
(各自)의 사주(四柱)에서 정해진 직업을
크게 십이종(十二種)으로 나누었다
물론 이에 어려이 필요는 없으나 사
주(四柱)에서 타고난 천직(天職)에서 등
떨어진 직업에 종사하면 큰 발전을 기대
할수 없다
직업(職業)을 찾아보는 법은 출생년의 천간을
생월(生月)에 맞추어 보면 된다

직업 / 생월 / 생년천간	(官印) 관인	(農業) 농업	(魚商) 어상	(秀才) 수재	(陶器) 도기	(雜貨) 잡화	(酒商) 주상	(醫師) 의사	(僧道) 승도	(馬車) 마차	(工業) 공업	(教師) 교사
갑 (甲)	一	二	三	四	五	六	七	八	九	十	十一	十二
을 (乙)	二	三	四	五	六	七	八	九	十	十一	十二	一
병 (丙)	三	四	五	六	七	八	九	十	十一	十二	一	二
정 (丁)	四	五	六	七	八	九	十	十一	十二	一	二	三
무 (戊)	五	六	七	八	九	十	十一	十二	一	二	三	四
기 (己)	六	七	八	九	十	十一	十二	一	二	三	四	五
경 (庚)	七	八	九	十	十一	十二	一	二	三	四	五	六
신 (辛)	八	九	十	十一	十二	一	二	三	四	五	六	七
임 (壬)	九	十	十一	十二	一	二	三	四	五	六	七	八
계 (癸)	十	十一	十二	一	二	三	四	五	六	七	八	九

농 업(農業) | 관 인(官印)

농업(農業)

注力農事
開墾造林
米穀米類
養魚畜産
水力開發
採石土建
若不此業
秋草逢霜

농사에 힘쓰는 사업이 좋으니
개간사업이나 조림사업을 하라
미곡이나 과실장사도 좋고
고기 기르기나 축산도 좋다
수력개발사업도 좋으며
채석이나 토건업도 좋다
만일 이런 직업이 아니라면
가을 풀이 서리를 만난 격이다

관인(官印)

文武之官
官祿之人
頭領之格
多率部下
不商不農
平生自樂
若非官祿
反爲下賤

무관 문관을 할 사람이니
관록 생활을 할 사람이다
두령격을 지니고 있으니
부하를 많이 거느리게 된다
장사도 아니하며 농사도 아니하나
평생을 잘 살수 있게 된다
만일 관록이 아니게 되면
도리어 하천한 사람이 된다

수 재 (秀才)

어 상 (魚商)

音樂藝術
美術科學
裁縫修理
製造發明
手藝組立
電波化學
若不此業
每事失敗

음악도 좋고 예술도 좋으며
미술이나 과학을 하여도 좋다
재봉업을 하거나 수리업을 해도 좋고
제조업을 하거나 발명을 하여도좋다
수예 또는 조립을 하여도 좋으며
전파상이나 화학을 하여도 좋다
만일 이런 직업을 갖지 않으면
모든 일에 실패하게 되리라

魚類之業
精肉亦宜
鹽業藿類
捕獸之業
魚網之商
船業亦吉
若不此業
虛送歲月

생선장사를 하여도 좋으며
정육장사를 하여도 좋다
소금장사나 미역장사도 좋고
짐승잡는 업을 하여도 좋다
고기잡는 그물장사도 좋고
선박사업을 하여도 역시 좋다
만일 이러한 직업을 갖지 않으면
헛되이 세월만 보내리라

잡화(雜貨)

도기(陶器)

化粧品物
衣服煙草
織物乾魚
兩傘紙物
文具出版
印刷圖案
若不此業
魚龍失水

화장품 장사를 하는 것이 좋고
의복이나 담배 장사도 좋다
옷감이나 건어 장사도 좋으며
우산이나 지물 장사도 좋다
문방구나 출판업도 좋으며
인쇄소나 도안을 하여도 좋다
만일 이런 직업을 갖지 않으면
고기와 용이 물을 잃은 격이다

土器買賣
木器之商
洋銀取扱
貴金屬類
佩物竹物
食器一切
若爲此業
一生大吉

토기를 매매하여도 좋으며
목기 장사를 하여도 좋다
양은 등속을 취급 하거나
귀금속 장사를 하여도 좋으며
패물이나 죽물장사도 좋으며
식기 일절을 매매하여도 좋다
만일 이러한 직업에 종사하면
일생이 크게 좋으리라

의 사(醫師)

洋醫之業
漢醫亦好
卜術之業
紹介事業
洋藥之商
漢藥之業
若不此業
諸事多難

양의사를 하여도 좋으며
한의사를 하여도 좋으리라
복술업을 하여도 좋으며
소개업을 하여도 좋으리라
양약 장사를 하여도 좋으며
한약업을 하여도 좋으리라
만일 이런 직업을 갖지 않으면
모두 일에 어려움이 많으리라

주 상(酒商)

旅館之業
茶房亦宜
料食之業
興行事業
酒造浴業
食品一切
若不如此
一時困厄

여관업을 하여도 좋으며
다방업을 하여도 역시 좋다
요식업을 하여도 좋으며
흥행사업을 하여도 좋다
주조업이나 목욕업도 좋으며
식품일절을 취급하여도 좋다
만일 이와 같지 않으면
한때 곤액이 있게 되리라

諸車事業 모든 차사업을 하는 것이 좋고
航空之業 항공사업을 하여도 좋다
船舶事業 선박사업을 하여도 좋고
運搬之業 운반업을 하여도 좋으리라
洋外出入 외국을 갔다 왔다 하면서
貿易大吉 무역을 하여도 좋으리라
若不此業 만일 이런 직업을 갖지 않으면
失敗招來 실패수를 불러오게 된다

空山月夜 빈 산속 달빛 밝은 밤에
念佛送日 염불로써 세월을 보내리라
寺刹建立 사찰을 건립하여 가지고
積德萬人 만사람에게 덕을 베풀 것이다
濟度蒼生 창생을 잘 인도하여 주며
布德四海 덕을 사방에 펴게 되리라
若不如此 만일 이와 같지 못하게 되면
一生不幸 일생이 불행하게 되리라

교 사 (教師)

教育事業
清職生活
書藝之業
畵家之業
慈善事業
活人功德
若不如此
有志難伸

교육사업을 하는 것이 좋으니

깨끗하고 맑은 생활을 하게 되며

서예업을 하여도 좋으며

화가가 되어도 좋으리라

자선사업을 하므로써

딱하고 어려운 사람을 보살피리라

만일 이와 같지 못하게 되면

뜻이 있으나 퍼지 못하게 된다

공 업 (工業)

火藥製造
家具一切
運動機具
度量衡器
農事機具
造船鐵材
不爲此業
每事不成

화약업이나 제조업도 좋으며

가구공장을 경영해도 좋다

운동기구를 만들어도 좋고

저울 따위를 만들어도 좋다

농사 기구를 만들어도 좋으며

조선업이나 철재업도 좋다

이런 직업을 갖지 않으면

모든 일이 잘 되지 아니한다

第九節 과갑(科甲)

과갑(科甲)이란 벼슬이니 세상 사람들이 모두 소망(所望)하는 것이다 그러나 오늘날에는 귀(貴)하게 되는 길이 곡 벼슬에만 있는 것이 아니오 벼슬에 못지 않는 명예(名譽)와 지위(地位)가 얼마든지 있는 것이니 유의(留意)하시라

찾아보는 법은 자기의 띠(生年의 地支)의 난에서 생시(生時)를 찾아 해당하는 별을 찾는다

(例) 임오년(壬午年=말띠)에 출생한 사람의 생시(生時)가 인시(寅時)라면 그 별은 심항(心亢)이다

생년 子(午)(卯)(酉)

생별 \ 생시	별
子(午)(卯)(酉) 자오묘유	심항 (心亢)
(寅) 인시	심 (心)
(申) 신시	우지러 (牛軫虛)
(巳) 사시	귀묘 (鬼昴)
(亥) 해시	누방 (婁房)

생년 辰(戌)(丑)(未)

생시 \ 생별	별
(寅)(申)(巳)(亥) 인신사해	(寅)(申) 巳亥
(辰) 진시	허젼우 (虛軫牛)
(戌) 술시	묘귀누진허 (昴鬼婁軫虛)
(丑) 축시	심진누 (心軫婁)
(未) 미시	묘귀허심 (昴鬼虛心)

생년 寅(申)(巳)(亥)

생시 \ 생별	별
(寅)(申)(巳)(亥) 인신사해	(辰)(戌)(丑)(未) 진술축미
(子) 자시	허젼우 (虛軫牛)
(午) 오시	묘누허 (昴婁虛)
(卯) 묘시	심항 (心亢)
(酉) 유시	누허심 (婁軫心)

우진허성 (牛軫虛星)

科星照命 벼슬의 별이 명에 비치니
早登靑雲 일찌기 벼슬길에 오르게 된다
至公無私 지극히 공평하여 사사로움이 없으니
仁聲千里 덕을 칭송하는 소리가 천리까지 번진다
外洋出入 외국에 출입을 하면서
外交成功 외교로 성공을 하게 된다
金星之官 금성의 벼슬운을 타고 났으니
一品之位 일품의 지위를 갖게 되리라

심항성 (心亢星)

科星照命 과거별이 명에 들어 있으니
火年及第 소년에 벼슬을 하게 되리라
資性聰明 머리와 사람됨이 총명하기에
學問顯達 학문이 뛰어나게 되리라
一呼百話 한번 부르면 백사람이 대답하니
統率萬人 만사람을 통솔하게 되리라
木星之官 목성의 벼슬운을 타고 났으니
二品之位 이품의 지위를 갖게 되리라

루방성(婁房星)

科星入命
金榜揚名
初年多難
中年發展
技術之官
一生幸福
水性之官
二品之位

벼슬의 별이 명에 들어 있으니
벼슬길에 오르게 되어 있다
초년에 어려운 일이 많다가
중년 뒤에 발전을 하게 된다
기술 계통의 관직을 갖게 되면
일생을 행복하게 살리라
수성의 관운을 타고 났으니
이품의 지위를 갖게 된다

귀묘성(鬼卯星)

科星入命
立身出世
多難多敗
口舌重重
速成速敗
仕路不平
入星之官
三品之位

벼슬의 별이 명에 들어 있으니
지위와 명예를 차지할 운명이다
어려운 일도 많고 실패수도 많으나
구설수가 거듭하여 있으리라
속히 이루어지고 속히 패하니
벼슬길이 평탄하지 못하다
화성의 벼슬운을 타고 났기에
삼품의 지위를 갖게 되리라

묘커루진허성 (昴鬼蔞軫虚星)

科星入命　벼슬할 별이 명에 들어 잇으니

先折丹桂　벼슬길에 오르게 되리라

農林之官　농림의 관직을 갖게 되면

日就月將　그 발전함이 매우 빠르게 되리라

信義敦篤　신의가 매우 두터웁기에

至公無私　지극히 공평하여 사사로움이 없으리라

土星之官　토성의 벼슬운을 타고 낫기에

二品之位　이품의 지위를 갖게 되리라

허진우성 (虛軫牛星)

科星入命　벼슬의 별이 명에 들어 잇으니

政界揚名　정치계에서 이름을 날리게 된다

日麗中天　해가 중천에 밝았으니

金玉滿堂　금과 옥이 창고에 가득 차리라

稅務之官　세무의 관리를 하게 되면

一路上昇　막힘이 없이 승진하게 되리라

土星之官　토성의 벼슬운을 타고 낫으니

三品之位　삼품의 지위를 갖게 되리라

科星入命 과거할 운이 명에 들어 있으니
少年出世 일찌기 출세를 하게 되리라
廣施德惠 널리 덕과 은혜를 베푸니
化及萬邦 그 덕이 온 세상에 미치리라
外文之官 외교관의 자리에 나아가면
名振四海 이름이 널리 떨치리라
土星之官 토성의 벼슬운을 타고 났으니
三品之位 삼품의 지위를 갖게 되도다

科星入命 벼슬할 별이 명에 들어 있으니
壯元及第 장원급제를 하게 되리라
忠義之人 충성심과 정의를 가졌기에
憂國烈士 나라를 위하여 몸을 바치리라
建設之官 건설관의 직위를 갖게 되면
百事順成 백가지 일이 순성하게 된다
土星之官 토성의 관운을 타고 났으니
四品之位 사품벼슬을 하게 되리라

묘루허성 (昴婁虛星)

科星入命
頭上揷花
一人之下
萬人之上
武官之職
威振萬里
火星之官
一品之位

벼슬 별이 명에 들어 잇으니
필시 과직의 길에 오르리라
한 사람의 아래가 되나
만인의 상격이 되리라
무관의 관직을 갓게 되면
위엄이 만리에 떨치게 된다
화성의 관운을 타고 낫으니
일품의 지위를 갓게 되리라

허진우성 (虛軫牛星)

科星入命
鴈塔題名
爲人早達
清白之吏
文公之官
去去益榮
水星之官
三品之位

벼슬할 별이 명에 들어 잇으니
벼슬길에 오르게 되리라
사람됨이 일찍 발달하여서
청렴 결백한 관리가 되리라
문교나 공보의 관리가 되면
가고 갈수록 더욱 영화 스러우리라
수성의 벼슬운을 타고 낫으니
삼품의 지위를 갖게 된다

| 루진심성(婁軫心星) | 심항성(心亢星) |

科星入命 과거할 별이 명에 들어 있으니
早登龍門 일찍기 용문에 오르게 된다
爲人正直 사람됨이 곧고 바르기에
處事整然 일을 처리함에 질서가 있으리라
醫務之官 의무직 관리를 하게 되면
濟活萬人 많은 사람을 살려내게 되리라
金星之官 금성의 벼슬운을 타고 났으니
二品之位 이품의 지위를 갖게 되리라

科星入命 벼슬할 별이 명에 들어 있으니
金冠玉帶 고관의 지위를 차지 하리라
仕路赫赫 벼슬걸이 넓게 열렸으니
一生無波 일생에 파란이 없게 되리라
法務之官 법무의 관리를 하게 되면
仁聲千里 어진 소리가 천리에 진동 하리라
木星之官 목성의 벼슬운을 타고 났으니
三品之位 삼품의 지위를 갖게 되리라

第十節

부부 (夫婦)

서로 다른 성(性)이 합하여 부부(夫婦)가 되니 당자(當者)들의 행불행(幸不幸)은 물론 그 자손(子孫)의 뻗어 나아감을 생각하면 실로 중차대(重且大)한 일이다 그러므로 부부운(夫婦運)의 좋고 나쁨은 인생(人生)의 성패(成敗)를 가름한다

보는법은 출생년(出生年)의 지지(地支)로써 생월(生月)에 맞추어 본다 즉 자년(子年—쥐띠) 삼월생이면 부부궁은 극자(剋子)이다

부부 \ 생년(년생) / 생월(월생)	子(자)	丑(축)	寅(인)	卯(묘)	辰(진)	巳(사)	午(오)	未(미)	申(신)	酉(유)	戌(술)	亥(해)
합(合)	七	四	一	十	七	四	一	十	七	四	一	十
화(和) 량(量)	八	五	二	十一	八	五	二	十一	八	五	二	十一
상(商) 역(逆)	九	六	三	十二	九	六	三	十二	九	六	三	十二
오(忤) 수(守)	十	七	四	一	十	七	四	一	十	七	四	一
보(保) 사(舍)	十一	八	五	二	十一	八	五	二	十一	八	五	二
입(入) 이(離)	十二	九	六	三	十二	九	六	三	十二	九	六	三
처(妻) 부(夫)	一	十	七	四	一	十	七	四	一	十	七	四
처(妻) 중(重)	二	十一	八	五	二	十一	八	五	二	十一	八	五
자(子) 극(剋)	三	十二	九	六	三	十二	九	六	三	十二	九	六
혐(嫌) 상(相)	四	一	十	七	四	一	十	七	四	一	十	七
산(山) 자(子)	五	二	十一	八	五	二	十一	八	五	二	十一	八
구(求)	六	三	十二	九	六	三	十二	九	六	三	十二	九

상량(商量)

夫婦之意
各自有異
意思相冲
間間相爭
産業不振
離合難決
將來之事
商量之中

남편과 아내의 생각하는 것이
각각 서로 다름이 있으리라
의사가 서로 상충을 하니
때때로 서로 다투게 된다
살림이 잘 되어 가지 않으니
이별할까 말까 결정을 망설이다
장래의 앞길이 어찌되나
생각을 하고 있는 중이로다

화합(和合)

夫婦和合
一家太平
白髮偕老
子孫昌盛
中年之運
暫時不和
和氣更回
老益安樂

부부산에 화합을 하게 되니
가정이 태평하게 되리라
백발이 되도록 함께 늙어가며
자손의 창성함을 보리라
중년운에 당도 하여서
잠시 불화수가 있겠으나
화기가 다시 돌아오게 되니
늙어갈수록 안락하게 되리라

보 수 (保守)

以義同居
無情歲月
不愛不厭
常時淡淡
家産有足
衣食平々
歲月如流
無味同居

의로써 동거하게 되었으니
재미없는 세월만 흘러 보내리라
사랑스럽지도 밉지도 아니하니
언제나 담담하게 살아 가리라
집안 살림은 족하게 되니
옷과 먹을 것이 평평 하리라
물 흐르듯 가는 세월속에
재미없는 부부생활을 하리라

오 역 (忤逆)

夫言不信
諸事多忤
指東向西
每事不合
家宅不安
口舌紛紛
忠言逆耳
夫婦不和

남편의 말을 믿지 아니 하니
모든 일에 어긋남이 많으리라
동쪽으로 가라 하면 서쪽으로 가나
매사에 불합함이 많게 된다
가정이 불안하게 되어 있으니
구설이 분분하게 되리라
옳은 말이 귀에 거슬리게 되니
부부가 불화하게 되어 있도다

중처(重妻) ｜ 중부(重夫)

중부(重夫)

命入重夫
生死離別
峻嶺一越
高山疊疊
社會活動
可免此厄
若不如此
一生悲淚

명에 증부살이 들어 잇으니
생사 이별수가 잇게 된다
험한 고개를 넘고 보니
높은 산이 거듭거듭 잇구나
사회에서 활동을 하게 되면
가히 이 액을 면하게 되리라
만일 이와 갓지 아니하면
일생을 슬픈 눈물로 보내리라

중처(重妻)

紅艷發照
風流男兒
花柳春城
到處春風
離合幾何
失戀重重
此人平生
酒色失敗

홍염살이 명에 비치엇으니
풍류를 좋아하는 남아라 하겠다
술과 여자 잇는 곳을 좋와하니
가는 곳마다 봄바람이 븐다
헤어젓다 만낫다 함이 몇번인가
연애에 실패수가 거듭 거듭 잇다
이 사람의 평생을 보게 되면
술과 계집으로 실패를 하게 된다

이 처 (離妻)

입 사 (入舍)

驛馬入命
역마가 명에 들어 있으니

遍踏江山
두루 강과 산을 밟아 다닌다

之東之西
동쪽으로 가고 서쪽으로 다니는데

許多難關
허다한 난관이 때때로 있으리라

出外成功
밖에 나가서 성공을 하여

錦衣還鄉
비단옷으로 고향으로 돌아 오리라

徘徊四方
이리 저리 사방으로 돌아다니다가

老年入舍
노년에야 집으로 돌아 오리라

命入葦蓋
명에 화개살이 들었기에

削髮山家
머리를 깎고 중이 되리라

此人之性
이 사람의 성질을 보게 되면

每好閒寂
매양 한적한 것을 좋아 한다

中年之運
중년운에 당도 하여서

離妻入山
처를 떠나 산속으로 들어간다

不關世事
세상 돌아감에 아랑곳 하지않고

空山修道
공산에서 수도를 하고 있으리라

상 험 (相嫌)

殺星入命
家宅不安
五鬼滿林
每事破敗
夫有疑妻
妻有疑夫
相互不信
夫婦相嫌

살성이 명에 들어 있으니

가택이 편안치 못하게 된다

오귀가 숲속에 가득차 있으니

모든 일이 과패수가 있게 된다

남편은 처의 행실을 의심하고

처는 남편의 행동을 의심한다

서로서로 불신을 하게 되니

부부간에 혐의가 있게 된다

극 자 (剋子)

命入惡殺
庭詩多風
琴瑟有欠
子孫有利
一喜一悲
世事不調
夫婦和合
必是剋子

명에 악한 살이 들어 있으니

자손궁에 실패가 많게 된다

부부간에 험이 있게 되면

자손에게는 이로움이 있게 된다

한가지가 기쁘면 달은 하나는 슬프니

세상 일이 고르지 못하다

부부가 화합하게 된다면

반드시 자식에게 해가 있다

73

구자(求子)   격산(隔山)

구자(求子)

魔鬼作害
事事多敗
以罪三千
無后爲先
原無子運
生而多失
山祭佛功
至誠求子

마귀가 해를 끼치고 있으니
일일이 실패수가 많게 되리라
삼천가지나 되는 죄명 중에서
제일 먼저 후사없는 것이라 하겠다
본래 자식 운이 없게 되었으니
낳게 되더라도 실패가 많다
산제를 지내고 불공을 들여
지성스럽게 자식을 구하라

격산(隔山)

若干財産
一朝失敗
金錢去來
信斧割足
在家不利
遠去他鄉
無可奈何
是爲隔山

약간 가지고 있는 재산을
하루아침에 실패 하리라
금전을 거래하고 있다가
믿은 도끼에 발을 베인 격이다
집에 있으면 이롭지 못하므로
멀리 타향으로 떠나게 될 것이다
인력으로 할수가 없게 되기에
격산을 하게 된 이유가 여기에 있다

第十一節

자손(子孫)

자손은 자기의 뒤를 이어주는
것으로서 인생(人生) 살이의 가
장 중요(重要)한 부분이다

그런데 여기에서 나타난 자식
수(子息数)는 임종(臨終)에 참
석(參席)하는 자식수이니 유의
(留意)하시라

찾아보는 법은 생월(生月)로
써 생시(生時)와 대조(對照)하여
교란(橋欄)을 찾으면 된다.

생월	포교(胞橋)	태교(胎橋)	양교(養橋)	생교(生橋)	욕교(浴橋)	대교(帶橋)	관교(冠橋)	왕교(旺橋)	쇠교(衰橋)	병교(病橋)	사교(死橋)	장교(葬橋)
十一月	巳(사시)	午(오시)	未(미시)	申(신시)	酉(유시)	戌(술시)	亥(해시)	子(자시)	丑(축시)	寅(인시)	卯(묘시)	辰(진시)
十二月	寅(인시)	卯(묘시)	辰(진시)	巳(사시)	午(오시)	未(미시)	申(신시)	酉(유시)	戌(술시)	亥(해시)	子(자시)	丑(축시)
一月	亥(해시)	子(자시)	丑(축시)	寅(인시)	卯(묘시)	辰(진시)	巳(사시)	午(오시)	未(미시)	申(신시)	酉(유시)	戌(술시)
二月	申(신시)	酉(유시)	戌(술시)	亥(해시)	子(자시)	丑(축시)	寅(인시)	卯(묘시)	辰(진시)	巳(사시)	午(오시)	未(미시)
三月	巳(사시)	午(오시)	未(미시)	申(신시)	酉(유시)	戌(술시)	亥(해시)	子(자시)	丑(축시)	寅(인시)	卯(묘시)	辰(진시)
四月	寅(인시)	卯(묘시)	辰(진시)	巳(사시)	午(오시)	未(미시)	申(신시)	酉(유시)	戌(술시)	亥(해시)	子(자시)	丑(축시)
五月	亥(해시)	子(자시)	丑(축시)	寅(인시)	卯(묘시)	辰(진시)	巳(사시)	午(오시)	未(미시)	申(신시)	酉(유시)	戌(술시)
六月	申(신시)	酉(유시)	戌(술시)	亥(해시)	子(자시)	丑(축시)	寅(인시)	卯(묘시)	辰(진시)	巳(사시)	午(오시)	未(미시)
七月	巳(사시)	午(오시)	未(미시)	申(신시)	酉(유시)	戌(술시)	亥(해시)	子(자시)	丑(축시)	寅(인시)	卯(묘시)	辰(진시)
八月	寅(인시)	卯(묘시)	辰(진시)	巳(사시)	午(오시)	未(미시)	申(신시)	酉(유시)	戌(술시)	亥(해시)	子(자시)	丑(축시)
九月	亥(해시)	子(자시)	丑(축시)	寅(인시)	卯(묘시)	辰(진시)	巳(사시)	午(오시)	未(미시)	申(신시)	酉(유시)	戌(술시)
十月	申(신시)	酉(유시)	戌(술시)	亥(해시)	子(자시)	丑(축시)	寅(인시)	卯(묘시)	辰(진시)	巳(사시)	午(오시)	未(미시)

태교 (胎橋)

命逢胎橋 명에 태교를 만나게 되었으니
子孫不多 자손이 많지 못하게 되었다
天狗作害 천구가 해를 끼치고 있으니
生産多礙 자식을 두는데 애로가 있도다
天寒地凍 하늘은 차거웁고 땅은 얼었으니
晩得回春 늦게야 봄이 돌아오게 되도다
二子之中 두 아들을 두고 있지마는
一子終身 한 아들이 종신하게 되리라

포 교 (胞橋)

命逢胞橋 명에 포교를 만나게 되니
子孫稀火 자손의 수가 적게 되리라
種蘭石田 난초를 돌밭에 심은 격이니
枝葉難長 가지와 잎사귀가 뻗기 어렵 도다
或有多子 혹 자식이 많다 하더라도
頻頻失敗 번번이 실패수가 있게 된다
此人運命 이 사람의 운명을 보게 되면
一子終身 아들 하나가 종신하게 되리라

養橋

命逢養橋　명에 양교를 만나게 되니
子孫榮華　자손에게 영화가 있게 되리라
早子失敗　일찍 난 자식은 실패하나
後運大開　후운이 크게 열리게 되리라
甘雨一過　단비가 한번 지나간 뒤에
萬物茂盛　만물이 무성하게 자라 나도다
三子之中　아들 삼형제 속에서
二子終身　두 아들이 종신하게 되리라

生橋

命逢生橋　명에서 생교를 만나게 되니
子孫繁盛　자손이 번성하게 되리라
黑雲散盡　검은 구름이 흩어져 없어지니
旭日昇天　밝은 해가 솟아 오르도다
一天二地　한 하늘에 땅이 둘이 되니
異腹可期　배다른 형제를 두게 되리라
四子之中　네 아들 되는 자식 가운데
二子終身　두 아들이 종신을 하리라

옥교(浴橋)　　대교(帶橋)

대교(帶橋)

命逢帶橋　명에 대교를 만나게 되니

子運亨吉　자식운이 역시 좋으리라

種德百年　음덕을 쌓은 조상의 은덕으로

枝葉茂盛　그 자손이 번성하게 되도다

有順逢順　순한 것이 있어 순함을 만나니

一生平吉　일생을 평탄하게 보내리라

三子之中　셋이나 되는 자식 가운데서

二子終身　두 아들이 종신하게 되리라

옥교(浴橋)

命逢浴橋　명에서 옥교를 만나게 되니

一名敗殺　이것을 패살이라고 하는도다

生而多失　자식을 두기는 하나 실패가 많으니

間間悲淚　때때로 슬픈 눈물을 흘리리라

石田耕牛　돌밭을 갈고 있는 소는

努力倍入　노력이 배나 더 들어간다

一隻之中　한 쌍의 자식 가운데서

一子終身　자식 하나가 종신 하리라

왕 교 (旺 橋)

관 교 (冠 橋)

命入旺橋
그 자손이 번성 하리로다

庭蘭茂盛
명에 왕교가 들어 있으니

時和年豐
시대가 화평하고 풍년이 들었으니

天下太平
천하가 태평하게 되도다

上下相應
위와 아래가 서로 응하게 되니

和氣自生
화기가 스스로 나게 되리라

五子之中
다섯 아들을 둔 가운데

三子終身
세 아들이 종신을 하리라

命入冠橋
명에 관교가 들어 있으니

三男二女
삼남 이녀를 두게 되리라

日暖風和
날은 따스하고 바람은 훈훈 하니

花逢春節
꽃이 봄철을 맞났도다

積善之家
착한 일을 많이한 집안에는

少有餘慶
반드시 경사스런 일이 따르리라

三子也中
아들 삼형제를 둔 가운데

二子終身
두 아들이 종신을 하리라

병 교 (病橋)

命入病橋
早子難養
枯木生芽
本末俱弱
欲求難得
可嘆可嘆
病弱一子
何人掃墳

명에 병교가 들어 있으니
일찍 둔 자식은 기르기 어렵다
말라죽은 나무에 싹이 돋으니
뿌리와 잎이 모두 약하리라
자식을 갖고자하나 되지 않으니
가히 탄식하고 탄식 하는도다
병으로 고생하는 한 자식을 두니
어떤 사람이 무덤을 쓸어 줄가

쇠 교 (衰橋)

令入衰橋
子孫名難
陰雨濛濛
暗雲蔽日
千里沙漠
前途茫然
二子之中
一子終斗

명에 쇠교가 들어 있으니
자손에 어려움이 많게 되다
음침한 가랑비가 자욱히 내리는데
뜬구름이 햇빛을 가리도다
천리나 되는 사막길이니
앞길이 아득하고 멀구나
두 아들을 둔 가운데에
한 자식이 종신을 하리라

<table>
<tr><td>

장 교 (葬橋)

命入葬橋
子何遲遲
弱馬任重
雪上加霜
艱難得子
疾病辛苦
運中無子
借養他子

명에 장교가 들어 있으니
자식이 어찌 더디고 더딘가
약한 말이 짐이 무거운 격이니
눈위에 서리를 더한 격이로다
간신이 얻은 자식 이건만
질병으로 고생을 하게 되리라
운수에 자식이 없다 하겠으나
남의 자식을 얻어 길러라

</td><td>

사 교 (死橋)

命入死橋
多生多敗
人生萬事
一長一短
種豆石田
其何托根
運中一隻
一子終身

명에 사교가 들어 있으니
자식을 많이 낳고 많이 잃는다
인생살이 그 모든 일이
하나가 길면 하나가 짧은 법
콩을 돌밭에 심어 놓으니
그 어찌 뿌리를 뻗겠는가
한창을 둔 자식 가운데서
자식 하나가 종신 하겠다

</td></tr>
</table>

第十二節　형제 (兄弟)

형제(兄弟)라 한 부모(父母)의 혈통(血統)을 받기에 동기연지(同氣連枝)라 하겠다 그리고 옛사람들은 형제를 안행(雁行)이라 칭하기도 하였다 그래서 형제의 수를 물어 볼때는 안행(雁行)이 몇이냐고 물었다

이에 맞추어 여기서도 형제수를 기러기로 나타내었으니 그림과 해설(解說)을 읽으시라

찾아보는 법은 자기(自己)의 생월(生月)의 줄에서 자기의 생시(生時)를 찾아 으면 위에 해당된 형제궁(兄弟宮)이었다

생월＼형제별 생시	(胞)포	(胎)태	(養)양	(生)생	(浴)욕	(帶)대	(冠)관	(旺)왕	(衰)쇠	(病)병	(死)사	(葬)장
十一月	卯(묘)	辰(진)	巳(사)	午(오)	未(미)	申(신)	酉(유)	戌(술)	亥(해)	子(자)	丑(축)	寅(인)
十二月	辰(진)	巳(사)	午(오)	未(미)	申(신)	酉(유)	戌(술)	亥(해)	子(자)	丑(축)	寅(인)	卯(묘)
一月	巳(사)	午(오)	未(미)	申(신)	酉(유)	戌(술)	亥(해)	子(자)	丑(축)	寅(인)	卯(묘)	辰(진)
二月	午(오)	未(미)	申(신)	酉(유)	戌(술)	亥(해)	子(자)	丑(축)	寅(인)	卯(묘)	辰(진)	巳(사)
三月	未(미)	申(신)	酉(유)	戌(술)	亥(해)	子(자)	丑(축)	寅(인)	卯(묘)	辰(진)	巳(사)	午(오)
四月	申(신)	酉(유)	戌(술)	亥(해)	子(자)	丑(축)	寅(인)	卯(묘)	辰(진)	巳(사)	午(오)	未(미)
五月	酉(유)	戌(술)	亥(해)	子(자)	丑(축)	寅(인)	卯(묘)	辰(진)	巳(사)	午(오)	未(미)	申(신)
六月	戌(술)	亥(해)	子(자)	丑(축)	寅(인)	卯(묘)	辰(진)	巳(사)	午(오)	未(미)	申(신)	酉(유)
七月	亥(해)	子(자)	丑(축)	寅(인)	卯(묘)	辰(진)	巳(사)	午(오)	未(미)	申(신)	酉(유)	戌(술)
八月	子(자)	丑(축)	寅(인)	卯(묘)	辰(진)	巳(사)	午(오)	未(미)	申(신)	酉(유)	戌(술)	亥(해)
九月	丑(축)	寅(인)	卯(묘)	辰(진)	巳(사)	午(오)	未(미)	申(신)	酉(유)	戌(술)	亥(해)	子(자)
十月	寅(인)	卯(묘)	辰(진)	巳(사)	午(오)	未(미)	申(신)	酉(유)	戌(술)	亥(해)	子(자)	丑(축)

포 （ 肥 ）

肥爲絶也
哀弱之象
雖多兄弟
分散東西
六親無德
誰助我身
總括論之
孤獨之格

포 라는 것은 끊기는 것이니
쇠하고 약하여지는 상이라 하겠다
비록 형제가 많다 하여도
여기 저기 흩어져 살게 되리라
육친의 덕이 없게 되었으니
그 누구가 나를 도와 줄 것인가
진췌적으로 말하여 이 형제궁은
고독한 형상이라 하겠다

태 （ 胎 ）

在於胎中
未出之象
或多兄弟
異腹之人
一陽初動
萬物未生
兄弟助力
有耶無耶

태 속에 들어 있는 격이나
아직 나오지 못한 상이라 하겠다
혹 형제의 수가 많게 되면
배 다른 형제가 있으리라
처음으로 햇볕이 움직였으나
아직 만물이 나오지 못한 상이다
형과 동생 사이에 도움이
있는 것도 같고 없는 것도 같다

생 (生)

生字之意
榮華可期
一天二地
生中得朋
上和下睦
一時之友
人生如流
各分南北

생의 뜻은 살아 있었음을 뜻하니

영화로움을 기약하게 되다

한 하늘에 땅이 둘이 되니

생중에 사형제를 얻게 된다

위로 화하고 아래로 화목하니

한때의 우애가 있게 된다

인생은 흘러가는 물과 같은데

각각 남북으로 흘어지게 되다

양 (養)

養字之意
茂盛之象
月白砂明
三雁和鳴
中年之運
各自散飛
古土無緣
移去他鄉

양의 뜻을 보게 되면

무성하여지는 상이라 하겠다

달빛이 밝고 모래가 밝은데

기러기 세 마리가 화목하게 울다

중년의 운을 만나게 되면

각각 흩어져 날아 가리라

고향에 인연이 전혀 없으니

타향으로 옮겨 가면 좋다

욕 (浴)

浴字之意
破敗之象
雖多兄弟
中途散盡
積善積德
一生太平
結論之筆
一雁之格

욕의 뜻을 말 하자면
파괘 되어가는 상이라 하겠다
형제가 비록 많다 하여도
중도에 모두 흩어져 버리다
선을 베풀고 덕을 쌓으므로써
인생이 태평하게 되리라
이 형제궁을 결론 짓는다면
외로운 독신 이라 하겠다

대 (帶)

帶字之意
長成之象
三雁得氣
和氣滿堂
大旱甘雨
萬物潤澤
上下和合
一家太平

대의 뜻을 말하게 되면
장성하여 진다는 상이다
삼형제의 기운을 얻었으니
화기가 집안에 가득 차게 된다
큰 가뭄에 단비가 온 격이니
만물이 유택하여진 상이다
위와 아래가 화합하게되니
한 집안이 태평하게 되리라

왕 （旺）	관 （冠）

관 （冠）

冠字之意
大成之象
若非二雁
三雁同飛
初年太平
中後各飛
兄邪弟耶
莫論彼德

관의 뜻을 분석하면
크게 이루어 진다는 상이다
만일 형제가 아니 되다면
삼형제 격이 되리라 한다
초년에 무사히 지내다가
중년 뒤에 각각 흩어 진다
현님의 사이나 동생의 사이에
형제덕을 입는다고는 말하지 말라

왕 （旺）

旺字之意
旺盛之象
少則二三
多則四五
祖業無緣
自手成家
末年之運
各分東西

왕의 뜻을 분석 하면
왕성하여 진다는 상이다
형제는 적어도 두 셋이 될 것이고
많다면 네다섯이 되리라
조업에는 인연이 없으나
혼자 힘으로 집을 일으키게 된다
말년의 운에 당도하게 되면
이곳 저곳으로 각각 흩어 진다

병 (病)

쇠 (衰)

병 (病)

病字之意
柔弱不成
若有兄弟
秋風落葉
深山窮谷
去去泰山
臨津無船
獨坐嘆息

병의 뜻을 분석하면
유약하여 이루어지지 않음이라
설령 형제가 있다 하여도
가을 바람에 낙엽과 같도다
깊은산 음침한 골짜기에
가고 갈수록 태산 이로다
강을 건너고자 하나 배가 없으니
홀로 앉아 탄식하는 격이다

쇠 (衰)

衰字之意
貪弱之象
初年多數
中連漸散
天地無情
早別父母
在家多煩
出外心潤

쇠의 뜻을 분석하면
비약하다는 상이라 하다
초년에는 형제가 많지마는
중년 뒤에는 흩어지게 되다
하늘과 땅이 무정하게 되니
일찍이 부모를 이별하게 되다
집에 있으면 복잡한 일이 많고
외출하게 되면 마음이 편하다

장 (葬)

葬字之意
장의 뜻을 분석하여 보면

死葬之象
죽어 장사 지내는 상이라 하겠다

人德稀薄
인덕이 회박한 사람 이기에

信斧割足
믿은 도끼에 발을 베게 되도다

此人平生
이 사람의 평생을 보게 되면

努力成功
노력으로 성공할 사람이다

霜蕭秋天
서리가 가을 하늘에 가득 찼는데

一雁孤飛
기러기 한마리 외롭게 날아 가도다

사 (死)

死字之意
사의 뜻을 분석하여 보면

滅亡之象
멸망하여가는 상이라 하겠다

早別父母
일찍기 부모를 이별 하고서

少年困苦
소년에 갖은 고생을 하게 된다

誹徊四方
이리 저리 사방으로 돌아 다니나

誰有助我
누가 나를 도와 줄 것인가

每事多難
모든 일에 어려움이 많게 되니

時運不來
좋은 운수가 오지 않는 도다

인간(人間)이 출생(出生)될 때 하늘에서 살성(殺星)이 비치면 조실부모(早失父母)하거나 불구자(不具者)가 되거나 신병(身病)이 있게 된다

반대로 길성(吉星)이 비치면 별다른 풍파(風波)없이 부귀공명(富貴功名)하며

안락(安樂)하게 산다

찾아보는 법은 자기의 피가 들어 있는 줄에서 자기의 생월(生月)을 찾아 그

오른편을 보면 해당되는 살성(殺星)이 있다

생살성＼생년월	겁살 (劫殺)	재살 (灾殺)	천살 (天殺)	지살 (地殺)	년살 (年殺)	월살 (月殺)	망신살 (亡身殺)	장성 (將星)	반안 (攀安)	역마 (驛馬)	육해 (六害)	화개 (華蓋)
사유축 (巳酉丑)	一	二	三	四	五	六	七	八	九	十	十一	十二
해묘미 (亥卯未)	七	八	九	十	十一	十二	一	二	三	四	五	六
신자진 (申子辰)	四	五	六	七	八	九	十	十一	十二	一	二	三
인오술 (寅午戌)	十	十一	十二	一	二	三	四	五	六	七	八	九

재 살（災殺）

命入災殺
刑厄愼之
落傷之數
可畏不具
莫近酒色
糖尿侵入
勞而無功
一時之厄

명에 재살이 들어 있으니
형액을 조심하여야 한다
높은데서 떨어질 운수도 있으니
병신이 될가 두렵다
술과 여자를 가까이 하지 마라
당뇨병이 침노하여 오게 된다
노력은 많이 하나 공이 없으니
일시의 액운이 있게 되리라

겁 살（劫殺）

劫殺入命
早失父母
神經衰弱
急變遭難
腹部有疾
精神錯乱
不和爭論
諸事不利

겁살이 명에 들어 있으니
일찍 부모를 잃게 되리라
신경쇠약이 아니라면
뜻밖의 재난을 만나기 쉽다
복부에 병이 있게 되거나
정신착란을 일으킬 염려가 있다
남과 화합을 못하고 다투게 되니
모든 일이 불리하게 되리라

지 살 (地 殺)

地殺入命
先折梧枝
胃腸有疾
莫近飲酒
家庭風波
心身不安
突發事故
急死危險

명에 지살이 들어 있으니
먼저 어머니를 잃게 되다
위장에 병이 있게 되었으니
술마시기를 조심하여야 한다
가정에 풍파가 있기 때문에
몸과 마음이 편하지 못하리라
돌발사고가 발생하게 되기에
급사하게 될까 두려웁다

천 살 (天 殺)

天殺照命
先折竹杖
遭難外傷
眼疾可畏
神經之痛
不幸陷入
酒色不愼
短命招來

천살이 명에 비치었으니
먼저 아버지를 잃게 되리라
재난을 만나 몸을 상하게 되거나
눈병에 걸릴까 두렵도다
신경통이 있게 될 것이니
불행한 운에 빠져 들어간다
술과 여자를 조심하지 아니하면
단명수를 불러오게 되리라

월 살 (月殺)　　연 살 (年殺)

<table>
<tr><td>

월살 (月殺)

月殺入命
家宅不安
孤獨災難
失敗招來
若無痰病
咳嗽之病
節食服藥
可謂少病

월살이 명에 들어 있으니
집안이 불안하게 되리라
고독과 재난이 오므로써
실패수를 불러오게 된다
만일 담병이 없게 된다면
해수병이 있게 되리라
알맞게 먹고 약을 먹으면
가히 병이 적게 되리라

</td><td>

연살 (年殺)

年殺入命
術業得名
若無謹身
花柳之病
無依無托
悲哀之事
平生愼之
心臟痲痺

연살이 명에 들어 있으니
운명착란가로 이름을 얻는다
만일 몸을 조심하지 아니하면
화류계병으로 고생하게 되리라
몸을 맡기고 의지할데가 없으니
슬프고 슬픈 일만 오게 된다
평생을 조심해야 되는 병으
심장마비 병이라 하겠다

</td></tr>
</table>

장 성 (將星)

命入將星
立身出世
女則孤寡
男則揚名
不意之笑
突發事故
若不如此
肺腦有疾

명에 장성이 들어 있으니
크게 출세할 운이라 하겠다
여자라면 고독 과부가 될 것이고
남자라면 이름을 떨치게 되리라
뜻밖의 재액을 당하게 되거나
돌발사고를 당하게 되리라
만일 이와 같지 아니하면
폐와 뇌의 병에 걸리기 쉽다

망신살 (亡身殺)

亡身入命
色情愼之
雖多努力
不伸不成
蛔虫作害
皮膚有疾
此人一生
痔疾愼之

망신살이 명에 들어오니
여자 상대에 조심 하여라
비록 노력은 많다 하여도
힘을 펼수 없고 이루어지지 아니하라
회충들이 해를끼치고 있거나와
피부에 병이 있게 되리라
이 사람의 일생을 보게 되면
치질을 조심 하여야 한다

여마(驛馬)

陰疾愼之
一生之事
多成多敗
人生如流
各國巡回
外洋出入
移徙頻頻
命入驛馬

명에 역마가 들어 있으니
너무 자주 이사하게 되리라
외국에 출입을 하게 되니
각국을 순회하게 되리라
인생이 흐르는 물과 같은데
성공도 많이 하고 실패도 많도다
일생의 일을 보게 되면
음질을 조심하여야 하리라

번안(攀安)

咳嗽侵身
老年之期
風塵不侵
山明水麗
發展可期
有順逢順
每事好轉
命入攀安

명에 번안이 들어 있으니
모든 일이 잘 되여 가리라
순함이 있어 순함을 만나니
발전할 것을 기약할 수 있으리라
산 좋고 물 맑은 격이라 하겠으니
고생스런 일을 만나지 않는다
노년기가 되어 가면서
해수병이 있게 되리라

화개(華蓋)

華蓋入命
智足多謀
若非山僧
技藝之人
左右之股
濕症可畏
老年之節
神經之痛

화개살이 명에 들어 있으니
지혜가 많고 꾀가 많게 되리라
만일 중이 되지 아니한다면
기술자나 예술가가 되리라
왼편이나 오른편 다리에
습진이 있을까 두렵고
노년 시절이 되어 가면서
신경통이 있게 되리라

육해(六害)

六害入命
不意災厄
胃腸有疾
貪血之症
童鬼作害
每事哀敗
此人平生
廢疾可畏

육해가 명에 들어 있으니
뜻밖의 재액이 오게 된다
위장에 병이 있게 되었으니
빈혈증이 있게 되리라
동자귀신이 해를 끼치게 되니
모든 일이 쇠패하게 되리라
이 사람의 평생을 보게 되면
가히 폐질이 있을까 두렵도다

第十四節 가택(家宅)

사람은 살아 생전(生前)에는 좋은 집
터에서 살아야 하고 죽어서는 명당(明
堂)에 묻혀야 한다

가택궁(家宅宮)은 생년(生年)의 지지(地
支＝띠)에 의해서 정해지니

쥐띠(子) 범띠(寅) 용띠(辰) 말띠(午) 잔
나비띠(申) 개띠(戌)는 동사택(東四宅)에
해당되고 소띠(丑) 도끼띠(卯) 뱀띠(巳)
염소띠(未) 닭띠(酉) 돼지띠(亥)는 서사
택(西四宅)에 해당한다 그리하여 동사
택(東四宅)의 사람이 서사택(西四宅)을
침범하면 재앙(災殃)을 당하고 그 반대
경우도 마찬가지다 찾아보는법은 자기의 띠를
찾아 그 아래 해설을 읽으라

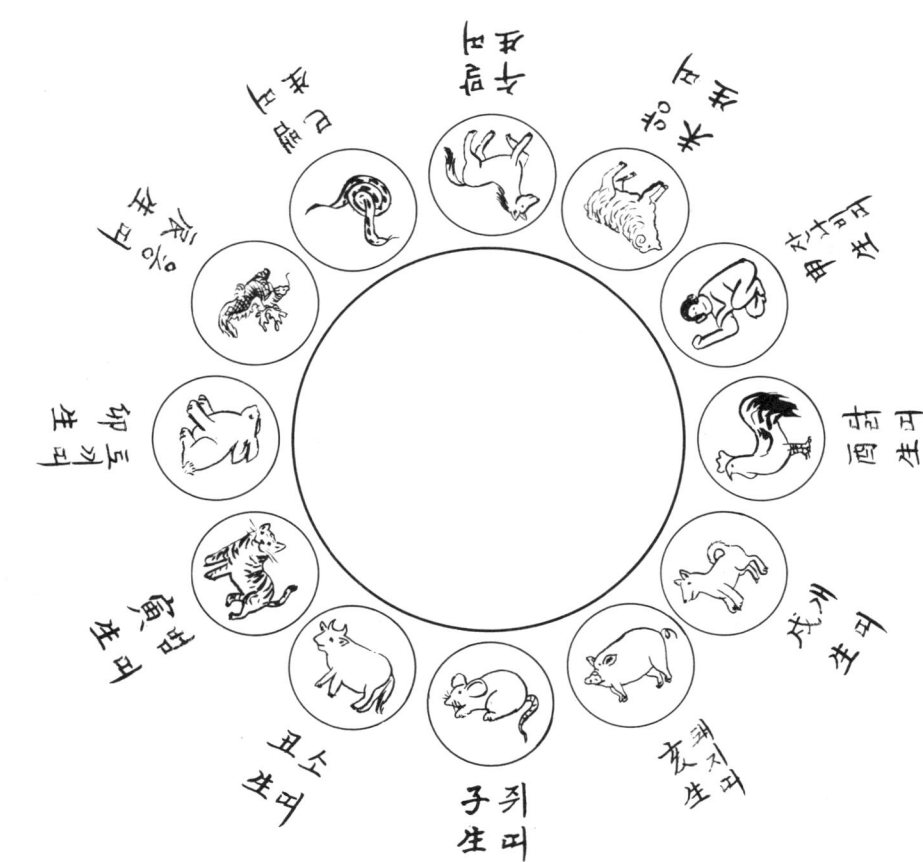

此人之運
四宅在東
大門東向
名曰生氣
壯口向北
君之坐向
北向大吉

이 사람의 운을 보게 되면
가장 좋은 방향은 동쪽이라 하겠다
대문을 동쪽으로 내면 좋으니
생기방이라 이르게 된다
아궁이는 북으로 향하게 되면
자연히 복이 오게 된다
그대의 집 방향을 보게 되면
북으로 향하는 것이 크게 좋다

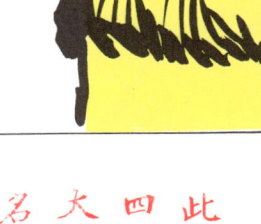

此人之運
四宅在西
大門艮向
名曰生氣
壯口西向
自然發福
君文坐向
西向大吉

이 사람의 운을 보게 되면
가장 좋은 방향은 서쪽이라 하겠다
대문을 동북간으로 내게 되면
이를 생기방이라 이르게 된다
아궁이를 서쪽으로 향하여 내면
자연히 복이 오게 되리라
그대의 집 방향을 보게 되면
서쪽으로 향하는 것이 크게 좋으리라

동사택 (東四宅)

此人之運
이 사람의 운을 보게 되면

四宅在東
동쪽 방향이 가장 좋다 하겠다

大門北向
대문을 북쪽으로 향하여 내면

名曰生氣
이를 생기방이라 이르게 된다

灶口東向
아궁이를 동쪽으로 향하여 내면

自然發福
자연히 복이 오게 되리라

君之坐向
그대의 집 방향을 보게 되면

南向大吉
남쪽을 향하는 것이 크게 좋다

서사택 (西四宅)

此人之運
이 사람의 운을 보게 되면

四宅在西
서쪽 방향이 가장 좋다 하겠다

大門西向
대문을 서쪽으로 향하여 내면

名曰生氣
이를 생기방이라 이르게 됨다

灶口坤向
아궁이를 서남향으로 내게 되면

自然發福
복이 자연히 오게 되리라

君之坐向
그대의 집 방향을 보게 되면

艮向大吉
동북향을 향하면 크게 길 하리라

서사택(西四宅) 뱀띠

此人之運
四宅在西
大門乾向
名曰生氣
灶口艮向
自然發福
君之坐
坤向大吉

이 사람의 운을 보게 되면

서쪽 방향이 가장 좋다 하겠다

대문을 서북향으로 향하게 되면

이를 일컬어 생기방이라 한다

아궁이를 동북간으로 향해 내면

자연히 복이 오게 되리라

그대의 집 방향을 보게 되면

서남간으로 향하는 것이 좋다

동사택(東四宅) 용띠

此人之運
四宅在東
大門南向
名曰生氣
灶口北向
自然發福
君之生
北向大吉

이 사람의 운을 본다면

동쪽 방향이 가장 좋다 하겠다

대문을 남쪽으로 향하면

이를 생기방이라 이르게 된다

아궁이를 북쪽으로 향하여 내면

자연히 복이 오게 되리라

그대의 집 방향을 보게 되면

북으로 향하면 크게 좋으리라

99

양띠 서사택(西四宅)

乾向大吉
君之坐向
自然發福
灶口坤向
名日生氣
大門坤向
四宅在西
此人之運

이 사람의 운을 보게 되면

가장 좋은 방위는 서쪽이라 하겠다

대문을 서남간으로 내면 좋으니

이를 생기방이라 이르게 된다

아궁이를 서남으로 향하여 내면

자연히 복이 오게 되면

그대의 집 방향을 보게 되면

서남간으로 향하는 것이 좋으리라

말띠 동사택(東四宅)

東向大吉
君之坐向
自然發福
灶口乾向
名日生氣
大門巽向
四宅在東
此人之運

이 사람의 운을 보게 되면

동쪽 방향이 가장 좋으리라

대문을 동남간방으로 향해 내면

이를 일컬어 생기방이라 하게 된다

아궁이를 서북간으로 향하면

자연히 복이 오게 된다

그대의 집 방향을 보게 되면

동으로 향하는 것이 좋다

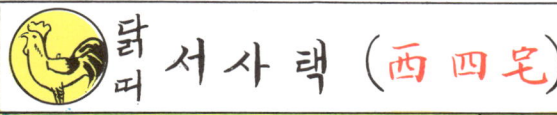

서사택 (西四宅) · 동사택 (東四宅)

서사택 (西四宅) — 닭 띠

此人之運　이 사람의 운을 보게 되면

四宅在西　서쪽 방향이 가장 좋다 하겠다

大門艮向　대문을 동남간으로 향하여 내면

名曰生氣　이를 일컬어 생기방이라 한다

灶口坤向　아궁이를 서남간방으로 내면

自然發福　자연히 북이 오게 되리라

君之坐地　그대의 집 방향을 보게 되면

西向大吉　서쪽으로 향하면 크게 좋으리라

동사택 (東四宅) — 잔나비 띠

此人之運　이 사람의 운명을 보게 되면

四宅在東　가장 좋은 방향은 동쪽이라 하겠다

大門南向　대문은 남쪽으로 내면 좋으니

名曰生氣　이를 생기방이라 이르게 된다

灶口東向　아궁이를 동쪽으로 향해 내면

自然發福　자연히 북이 오게 된다

君之坐向　그대의 집 방향을 보게 되면

巽向大吉　동남간이 크게 좋으리라 한다

동사택 (東四宅)

此人之運
四宅在東
大門北向
名曰生氣
灶口南向
自然發福
君之坐地
南向大吉

이 사람의 운을 보게 되면
동쪽 방향이 가장 좋으리라
대문을 북쪽으로 향하면 좋으리라
이를 일러서 생기방이라 한다
아궁이를 남쪽으로 향하게 되면
자연히 복이 오게 되리라
그대의 집 방향을 보게 되면
남쪽을 향하는 것이 크게 좋으리라

서사택 (西四宅)

此人之運
四宅在西
大門西向
名曰生氣
灶口乾方
自然發福
艮之坐地
西向大吉

이 사람의 운명을 보게 되면
서쪽 방향이 가장 좋으리라
대문을 서쪽으로 내면 좋으니
이를 일컬어 생기방이라 하게 된다
아궁이를 서북방으로 내게 되면
자연히 복이 오게 되리라
그대의 집 방향을 보게 되면
서쪽으로 향하는 것이 가장 좋으리라

第十五節

유년(流年)

유년(流年)이란 일생(一生)을 살아가는
동안의 길흉(吉凶)의 오고감을 총론(總
論)한 것이다

인생(人生)에게는 십이년(十二年)을 일
기(一期)로 하여 삼년(三年)씩 삼재(三
災)가 들게 되니 좋은 해가 아홉해(九年)
오 나쁜 해가 삼년(三年)이다

또한 일년중(一年中) 달에 따라 팔패
살(八敗殺)과 망신살(亡身殺)이 들게 되
니 조심 하시라

찾아보는 법은 자기의 띠만 찾아서
그 해설(解説)을 보라

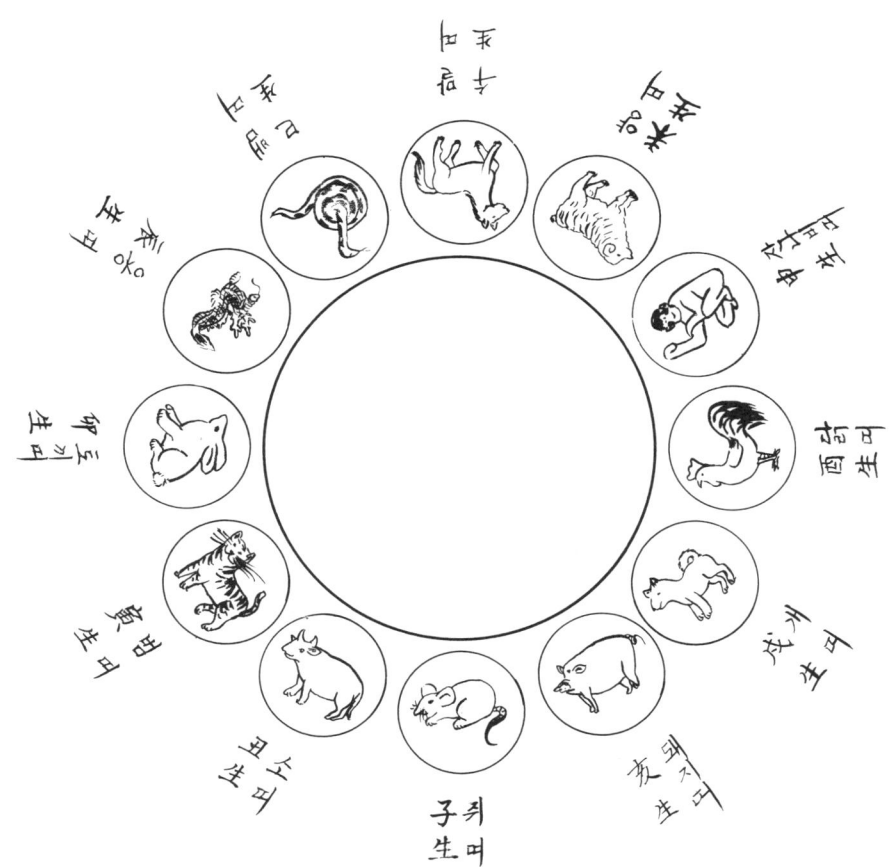

쥐 띠 　（子生）

쥐띠는 호랑이（寅） 토끼（卯） 용（辰）이 들어오게되면 모든 재난이 오게되니 일생 살아가는 동안 여기에 당도하는 해를 조심하여야 한다

십세 이내（十歲以內）에 태평세월을 보내게 되고 열일곱 여덟에 경사가 있고 이십오륙（二十五六）에 잠시 고통을 겪고 삼십이삼（三十二三）에 가산이 윤택 하다가 삼십구사십（三十九四十）에 일차 실패수가 있으리라 사칠사팔（四七・四八）에는 고목이 봄을 만나고 오삼오사（五三・五四）에는 고기와 용이 물을 잃은 격이 되리라 육십（六十）부터는 모든 일이 순조로워서 순풍에 돛을 단 격이 되리라

일년중（一年中） 사월（四月）과 팔월（八月）에 팔패（八敗）의 액（厄）이 있으니 주의하여야 하고 시월（十月）에는 망신살（亡身殺）이 있다 언제나 액년（厄年） 액월（厄月）이 오면 가일층 주의하는 것이 좋다

소 띠 　　　（丑 生）

소띠(丑生)는 돼지(亥) 쥐(子) 소(丑) 해에 삼
재(三災) 팔난(八難)이 오게 되니 이 해들이 불
구년을 일기로하여 돌아오는 이 해들이 불
길한 것이다

열살 안에는 조실부모할 운명인 바 이와
반대가 되면 병액과 모든 재난이 온다
십사오세(十四五歲)에 고기가 물을 얻은
이십이삼세(二十二三歲)에 학업에 중단을이 있고
격이고 이십칠구세에 살림이 늘어가다가
사십(四十)고개에서 한번 실패가 있고 오십
(五十)이 넘어 살림이 차차 윤택하여가
고 육십(六十) 고개에 잠시 불운이 오다가
아주 늦게 육십칠팔세에 안락한 생활
을 하게 된다

다음의 연운으로는 칠월(七月)에 망신살
이 있으니 위에 말한 삼재 해와 달의 액
운을 만날 때에는 모든 일에 신중을 기
하여야 한다

호랑이띠　　　（寅生）

호랑이(寅生)는 잔나비(申) 닭(酉) 개(戌) 해에
삼재팔난(三災八難)이 오게 되니 일생을 통하
여 아홉해 만에 다시 만나게 되는바 이를 만
나는 해에는 불상사가 일어나게 된다

이십세 이내에는 커동자로 자라다가 이십칠팔
세(二十七八歲)에 고배가 오고 삼십사오세(三四五歲)
에 마른나무가 봄을 만난 격이 되다 사십고
개에 흥패가 많다가 오십고개에 부자가 되고
오십칠팔(五十七八)에 신경통으로 고생을 하나 어
려움을 극복하고 큰 재산을 모은다 사람의 일생
이 흐르는 물과 같은데 남과 비교하여 부을
탄 편이라 하겠다

그리고 일생의 월별로는 시월과 동짓달에
팔패살이 들고 사월달에 망신살(亡身殺)이
들어오니 이해와 이 달에는 모든 일에
주의를 하여야 한다

106

토끼띠 　　（卯 生）

토끼(卯生)는 뱀(巳) 말(午) 양(未) 해에 삼재칼

난(三災八難)이 오게 된다 이 세상 살이에 구

년을 일기로하여 구년마다 다시 오니 누구나

삼재를 다 만나게 되어 있다

일곱 여덟살에 가산이 탕진 되고 집안이

소란한중 십팔구세에 집을 떠나 갖은 고생

을 하게 되리라 이십사오세(二四五歲)부터

차차 기초를 잡기 시작하여 삼십 이전에 가산

이 부유하여 진다 사십 삼사세에 한 차례 실

패하고 오십(五十)고개에 다시 부흥되어 육십

평생까지 잘 살게 되었으니 초년고생은 금을

주고도 못 산다는 말이 있다

그리고 월별로는 시월 동짓달에 팔패살이

들고 정월에 망신살이 들어오니 이 해와

이 달에는 액달이라 간주하고 조심하면 된

다

용 띠　

용띠(辰生)는 범(寅) 토끼(卯) 용(辰)해에 삼
재괄난(三災八難)이 오게 되니 구년만에 다시
온다는 것을 명심하라 삼재가 든 해에는 혹
관재수나 구설수 화재 도난을 당하기 쉬우
며 병을 앓기도 한다

세살 네살에 물조심하고 일곱 여덟에 낙
상수가 있다 십구 이십에 영화가 있고 이
십 칠팔세에 직업 변동수가 있고 삼십부터
사십사이에 부자가 되었다가 사십 팔구세
에 일차 매사가 중접되어 좋을 피가 쓸데없
이 될 것이다 오십 이후로 살림이 차차
불어나서 부자가 되고 자손들이 왕성하여
행복을 누릴 것이다

월별로 들어오는 괄괘살은 사월과 괄월에
들어 있고 시월에 망신살이 들어 있다
이 해를 주의하라

뱀 띠 （巳 生）

뱀띠(巳生)는 돼지(亥) 쥐(子) 소(丑) 해에 삼재팔난(三災八難)이 오는 것이다 인생이 누구나 구년에 한번씩은 겪게 되는바 재액(災厄)을 면할 수 있는 것은 조심하는 데에 있게 된다

어려서 총명하며 간간이 액은 있으나 잘자라게 된다 일곱 여덜살에 여장을 가지고 놀지 말아야 한다

십오륙세는 꽃이 삼월을 만난 격이고 스물다섯여섯에 직장을 얻게 되며 설흔 일곱 여덟에 경사가 오나 사십 오륙세에 화재수를 조심 하여야 한다 그리고 남과 금전거래를 하지말 것이며 오십 삼사에 직업을 바꾸고 육십고개에 안락한 생활을 하게 된다

망신살은 칠월에 들어오는 팔과살은 사월과 팔월이고 월별로 들어오는 칠팔살은 일생에 이 해와 이 달을 명심하는 것이 좋을 것이다

말 띠 （午生）

말띠(午生)는 잔나비(申) 닭(酉) 개(戌) 해에
삼재팔난(三災八難)이 오는바 이와 같은 운
은 누구든 일생 동안을 구년만에 일회씩
돌이 온다

삼사세에 병고를 치르고 십이삼세에 수액
을 조심하여야 하다 십오륙세에 큰 희망
을 갖고 전진한다 이십사오륙세에 직장을
얻고 삼십삼사세에 직업을 변경하게 되며
사십오륙세에 갓산이 코쿠하여 산다 오십일
민다가 실패수가 있게 된다 육십이 되면
이세에 믿는 도끼에 발을 찍히 듯이 친구를
서 모든 일이 술조롭게 잘 풀리게 된다
월별로는 시월과 십이월에 팔괘가 들어
온다 사월에 망신살이 들어오는 끼이니 이
런 액(厄)과 살(殺)이 두 해와 달에는 제
난을 주의하여야 한다

양 띠 （未 生）

양띠(未生)는 뱀(巳) 말(午) 양(未) 해에 삼
재팔난(三災八難)이 들어오는바 구년만에 다시
오는 이 해를 맞이하게 된다 두살 세살
때 변액을 당하게 되고 집안이 파괴하여 진다
열살 열한살 때 잘 자라며 열일곱 여덟에
취인이 도와주어 기쁜 일이 생기고 이십칠구세
에 이사 변동을 하게 되고 삼십일이세에
구름을 헤치고 달을 보는 격이고 사십오륙세에
고백를 마시고 육십이 넘어서 살림이 불어나고
자손들이 성공을 하여 편하게 지내리라
그리고 월별로는 시월과 십일월에 팔괘가 들
어오고 망신살이 정월에 들어온다 이 살을
만나게 되면 모든 일에 지장이 있게 되니
조심을 하는 것이 좋다

잔나비띠 （申生）

잔나비(申生)띠는 호랑이(寅) 토끼(卯) 용(辰) 해에 삼재팔난(三災八難)이 들어온는데 구년을 일기로 하여 일생에 칠 팔차나 맞이 하게 되다 그리고 달의 액운은 일생동안 오월과 칠월이 팔패요 시월이 망신살 이라 하겠으니 이것이 모두 살성이다 이살이 들어오는 해나 달에는 병액 또는 과재나 관재 구설도 있기 쉽다 주의 하는 것이 좋으리라

큰고성이 되기에 소년에 고생을 하게 되며 고독하게 된다 그리고 십칠 팔세에 학업에 중단을이 오고 또한 고향을 떠나는 수가 많다 이십이 삼세에 우연히 키인을 만나 안전한 직업을 얻으리라 삼십사오세에 일시적 각산수가 있고 사십이 넘은 뒤에 다시 회복하고 오십 육십때에 자손의 덕으로 편하게 되다

112

닭 띠 （酉 生）

닭띠(酉生)는 돼지(亥) 쥐(子) 소(丑) 해에 삼재팔나(三災八難)이 오는바 일생을 통하여 구년을 일기(一期)로 하여 여러 차례를 만나게 된다

삼재팔난은 칠월과 오월에 들어 오며 망신살은 칠월에 들어오게 되니 이런 살성이 오면 이룩지 못한 것이니 이런해 와 달에는 덕욱 조심하는 것이 좋겠다 유(酉)는 천인성이니 흉터가 있기 쉽다

칠팔세에 연장을 가지고 다치게 될 염려가 있다 십세가 지나 가정에 소란이 있고 십오륙세에 학업 중단은이 오게 되리라 이십칠구세에 고배를 마시고 있다

가 삼십이 넘어서 차차 기초를 잡아 자 수성가 하겠다 사십칠팔세에 소재 수가 있고 오십이 넘으면 잘 살게 되고 육십 이후에 신경통으로 고생하게 된다

개 띠 (戌 生)

개띠(戌生)는 잔나비(申) 닭(酉) 개(戌) 해에 삼재팔난(三災八難)을 만나게 되니 인생(人生)에게는 누구나 마찬가지로 구년만에 들어오게 된다는 것이다

십세 안에는 무병(無病)하나 십삼사세에 낙상수가 있고 이십세에 경사가 있고 이십 팔구세에 변동수가 많고 삼십육칠세에 횡재수가 있어 일확천금 하리라 사십오륙 에 일시 고배를 마시고 오십칠팔에 이사수가 있고 재산도 불어나 잘 살게 되어 흥미가 진진하게 되리라

그리고 월별로 보면 정월과 이월에 괄괘가 들고 사월에 망신살(亡身殺)이 들어오니 이살(殺)이 들어오는 시기(時期)에는 특히 금전거래(金錢去來)를 하지말아야 하리라 그리고 백사(百事)에 주의(注意)를 하여야 한다

114

돼지띠 (亥生)

돼지띠 (亥生)는 뱀(巳) 토끼(卯) 양(未) 해에 삼재(三災)가 오니 사람 사람이 구년만에 한 번씩 겪게 되어 있다 그리고 월별 액운은 정월과 이월이며 망신살(亡身殺)도 정월에 들어 있게 된다 모두 살은 이룹지 못한 것이니 이 액(厄)이 오는 달에는 천 가지 만가지 일을 조심 조심하여 나가야 한다

비살 다섯살에 유행병을 조심하여야 한다 이십 미만에 화려한 생활을 하다가 이십삼사 세에 고통을 겪고 이십칠팔세에 바가운 소식을 듣는다 삼십육칠세에 집안에 경사가 생기고 사십삼사세에 재물을 탕진하여 잠시 고통하다 사십팔구세에 복구하고 오십칠팔 세에 큰 꿈을 이룬다 오십 이후 육십이 넘도록 호의 호식하면서 잘 살게 되리라

第十六節 명궁(命宮)

이간 수명(壽命)의 길고
짧음은 하늘이 정(定)해 준
다는 뜻으로 인명재천(人命
在天)이란 말이 있다
여기서는 사주(四柱)에 정해진
수명(壽命)뿐만 아니라 그 사람
의 전반적(全般的)인 운세(運
勢)와 생활태도(生活態度)
를 함께 해설(解說)하였다
찾아보는 법은 각자의 출
생년의 지지(出生年 地支)
와 생시(生時)를 맞추어 본다

생시＼생년	부고(富庫)	적고(積庫)	번고(攀庫)	허고(虛庫)	귀고(貴庫)	정고(正庫)	모고(暮庫)	사고(査庫)	만고(滿庫)	공고(空庫)	합고(合庫)	천고(天車)
子자	巳사	午오	未미	申신	酉유	戌술	亥해	子자	丑축	寅인	卯묘	辰진
丑축	寅인	卯묘	辰진	巳사	午오	未미	申신	酉유	戌술	亥해	子자	丑축
寅인	亥해	子자	丑축	寅인	卯묘	辰진	巳사	午오	未미	申신	酉유	戌술
卯묘	申신	酉유	戌술	亥해	子자	丑축	寅인	卯묘	辰진	巳사	午오	未미
辰진	巳사	午오	未미	申신	酉유	戌술	亥해	子자	丑축	寅인	卯묘	辰진
巳사	寅인	卯묘	辰진	巳사	午오	未미	申신	酉유	戌술	亥해	子자	丑축
午오	亥해	子자	丑축	寅인	卯묘	辰진	巳사	午오	未미	申신	酉유	戌술
未미	申신	酉유	戌술	亥해	子자	丑축	寅인	卯묘	辰진	巳사	午오	未미
申신	巳사	午오	未미	申신	酉유	戌술	亥해	子자	丑축	寅인	卯묘	辰진
酉유	寅인	卯묘	辰진	巳사	午오	未미	申신	酉유	戌술	亥해	子자	丑축
戌술	亥해	子자	丑축	寅인	卯묘	辰진	巳사	午오	未미	申신	酉유	戌술
亥해	申신	酉유	戌술	亥해	子자	丑축	寅인	卯묘	辰진	巳사	午오	未미

부 고 (富 庫)

命入富庫
錢財有餘
不惜身命
活人之業
長壽之命
七旬加三
得病十日
永別世上

명에 부고가 들어 있으니
돈과 재물이 남아 돌게 된다
자기의 몸을 아끼지 아니하고
남을 돕고 살리는 직업을·가지리라
오래 살 운명이 되어 있으니
일흔살에 세살을 더 하리라
병을 얻어 열흘이 되는 날에
영영 이 세상을 이별 하게 되리라

적 고 (積 庫)

命入積庫
一生貯蓄
節用節食
不爲虛榮
天壽幾何
六旬加九
得病五日
永別人世

명에 적고가 들어 있으니
일생을 저축하며 살아 가리라
쓰는데 절약하고 먹는데 검소하니
헛된 꿈을 갖지 않는다
하늘에서 정해준 수명은 얼마인가
예순살에 아홉살을 더한구
병을 얻어 닷새째 되는날
인간 세상을 이별하게 된다

허고(虛庫)

명에 허고가 들어 있으니
허망하게 와서 허망하게 가리라
술로 인하여 치패수가 있으니
집안이 심히 가난 하리라
하늘이 주신 수명은 얼마인가
예순살에 일곱살을 더 하리라
병을 얻어 이레가 되는날에
저 세상 사람이 되리라

번고(攀庫)

명에 번고가 들어 있으니
일생을 편하고 한가하게 살리라
물건을 탐내고 욕심내지 아니하니
청렴결백한 생활을 하게 된다
몇년이나 살다 죽겠는가
여든살을 가히 살게 되리라
병을 얻어 하루만에
신선을 따라 학을 타게 되리라

정 고 (正 庫) | 귀 고 (貴 庫)

命入正庫
爲人正直
不害他人
固守本心
天壽如何
八旬加八
得病五日
永別此世

명에 정고가 들어 있으니
사람됨이 바르고 곧을 것이로다
남을 절대 해치지 아니하고
자기의 본심을 지키고 있으리라
하늘이 주신 수는 얼마나 되는가
여든살에 여덟살을 더 하리라
병을 얻어 닷새가 되는 날
길이 이 세상을 이별하리라

命入貴庫
食祿之人
不商不農
平生安過
壽命幾何
七旬加七
得病九日
一去不聞

명에 귀고가 들어 있으니
녹을 먹고 살 사람이로다
장사도 아니하고 농사도 아니하나
평생을 편히 지내게 되리라
수명은 어제까지 갈 것인가
일흔살에 일곱살을 더하리라
병을 얻어 아흐레가 되는날
한번 가고 다시 오지 아니한다

사 고 (査 庫) | 모 고 (暮 庫)

命入暮庫
명에 모고가 들어 있어

發展太遲
발전이 매우 느리게 되도다

初中多難
초년 중년에는 어려움이 많으나

老來積財
늙으막에 재산을 모으리라

壽宮如何
수명은 얼마나 길겠는가

七旬加一
일흔에 한살을 더하게 되다

得病一日
병을 얻은 하루만에

永別人世
영영 인간 세상을 이별 하게 되리라

命入査庫
명에 사고가 들어 있으니

深察萬事
깊이 만물을 살피는 성질이 있다

利害善分
이해타산에 매우 밝으나

毫釐不差
털끝만큼도 어수룩하지 않다

其壽如何
예순일곱살에 일곱살을 더 하리라

六旬加七

得病十日
병을 얻으지 열흘만에

永眠不歸
영영 가고 돌아오지 아니한다

命入空庫
財無所積
雖多努力
虛送歲月
天命幾何
八旬可期
得病三日
訣別人世

명에 공고가 들어 있으니
재물을 쌓아 두지는 못하리라
비록 노력은 많이 하지만
허망하게 세월만 보내도다
하늘에서 주는 수명은 얼마인가
가히 여든살을 살게 되리라
병을 얻은 사흘이 되는 날에
인간 세상을 떠나 가리라

命入滿庫
前後露積
自勤自務
天受其福
天壽幾何
六旬加三
得病九日
歸之九天

명에 만고가 들어 있으니
앞뒤로 노적을 쌓고 살리라
스스로 부지런히 힘을 쓰므로서
하늘이 주신 수명은 얼마인가
예순살에 세살을 더 하리라
병을 얻은 아흐레가 되는 날
저승으로 돌아가 버리게 되리라

천 고 (天庫)

命入天庫
高貴之人
諸事順成
平生自樂
壽命幾何
七旬加八
得病四日
永別人世

명에 천고가 들어 있으니
높고 귀하게 될 사람이다
모든 일이 순조롭게 되니
평생을 스스로 즐겁게 살리라
수명은 얼마나 되겠는가
일흔 살에 여덟을 더 하리라
병을 얻어 나흘이 되는 날
영영 인간 세상을 이별하게 되리라

합 고 (合庫)

命入合庫
事事順成
家繁人和
一生安逸
壽宮如何
七旬加二
得病一月
一去無言

명에 합고가 들어 있으니
일마다 순조롭게 이루리라
집안이 번성하고 처세가 원만하니
일생을 편안하게 지내리라
몇살이나 삶을 누리겠는가
일흔살에 두살을 더 하리라
병을 얻은 한달이 지나
한번가고 말이 없게 되다

第十七節 대왕(大王)

인생(人生)이 느러어 죽는 것은 저승의 대왕(大王)이 불러가기 때문인데 인간(人間)을 불러간 대왕(大王)은 그 사람의 이승에서의 행적(行跡)을 살펴서 논공치죄(論功治罪)하게 된다

그리하여 이 세상에서 적선(積善)하고 포덕(布德)한 사람은 극락(極樂)으로 보내고 적악(積惡)하고 악해(惡害)만 끼친 사람은 유황불 속에 던져지거나 펄펄 끓는 기름가마 속에 던져지기도 하다

그러므로 우리 인간은 이 세상에 삶을 누리는 동안 선행포시(善行布施)하여 저 세상에서 대왕(大王)을 만날때를 대비(對備)해야 하리라

대왕(大王)을 찾는 법은 자기 출생년(出生年) 육갑(六甲)이 어느 대왕 밑에 있는가를 보면 된다

진광대왕 (秦廣大王)

경오 (庚午)
신미 (辛未)
임신 (壬申)
계유 (癸酉)
갑술 (甲戌)
을해 (乙亥)
(刀山地獄)
도산 地獄

이 세상에서 남에게 죄를 지어 남을 괴롭히거나 남에게 궂은물을 흘리게 한 사람들은 제일전 진광대왕님 께서 불러다가 칼날을 산같이 꽂아둔 지옥에 가둔다 그러나 착한 일을 한 사람은 아무 일없이 좋은곳으로 간다

초강대왕 (初江大王)

무자 (戊子)
기축 (己丑)
경인 (庚寅)
신묘 (辛卯)
임진 (壬辰)
계사 (癸巳)
(鑊湯地獄)
확탕 地獄

도적질을 하거나 살인을 하거나 부모에게 불효한 사람이나 온갖 못쓸 짓을 한 사람은 팔팔 끓는 기름가마에 끓여 죽인다 그러나 이 세상에서 좋은 공을 많이 쌓은 사람은 오지연으로 보내 주게 되다

제사전 (第四殿) 오관대왕 (五官大王)

갑자 (甲子)
을축 (乙丑)
병인 (丙寅)
정묘 (丁卯)
무진 (戊辰)
기사 (乙巳)

(劍樹地獄)

덕을 심으면 백년후에 좋은 결실을 맺는다는 것이 바로 만인 구제사업이다 큰 내에 다리를 놓아주면 월천공덕(越川功德)이오 글을 가르쳐 주면 문맹퇴치 공덕이니 좋은 곳으로 가나 악하게하면 검수 칼을 꽂아 놓은 지옥으로 산다

제삼전 (第三殿) 송제대왕 (宋帝大王)

임오 (壬午)
계미 (癸未)
갑신 (甲申)
을유 (乙酉)
병술 (丙戌)
정해 (丁亥)

(寒氷地獄)

이 세상에 태어나 좋은일만 하다 죽었으니 배고푼 사람에게 밥을 주면 급식 공덕 이오 목마른 사람에게 물을 주면 급수공덕이 되니 다 좋은 곳으로 가나 악독한 짓을 하면 찬 얼음 지옥에 들어가게 되는 것이다

변성대왕 (變成大王) | 염라대왕 (閻羅大王)

경자 (庚子)
신축 (辛丑)
임인 (壬寅)
계묘 (癸卯)
갑진 (甲辰)
을사 (乙巳)

(毒蛇地獄)

독사지옥

이 세상에서 사기 협잡을 일삼고 남을 억울하게 하사 람은 변성대왕께서 데려다가 옷을 벗겨 독사지옥에 넣어 말할수 없는 고통을 주나 어 려운 사람을 돕는 활인 공덕을 하면 극락 세계로 가게 된다

병자 (丙子)
정축 (丁丑)
무인 (戊寅)
기묘 (乙卯)
경진 (庚辰)
신사 (辛巳)

(拔舌地獄)

발설지옥

살인하고 강도질하고 유부녀 농간을 하여 이 세상에서 나쁜 짓을 하면 염라대왕께 서 혀를 뽑아버리니 이 세 상에 덕을 심고 착하게 하 지면 오지영의 연화대로 가 게 된다

평등대왕 (平等大王)

병오 (丙午) 地獄)
정미 (丁未)
무신 (戊申)
기유 (己酉)
경술 (庚戌)
신해 (辛亥)

추

(錐解)

남을 이간질하여 사이를 벌어지게 하거나 또는 남을 궁지로 몰아 넣은 사람은 평등대왕께서 태려다가 송곳으로 찔러 죽인다 그러나 자기가 희생을 당해 가면서 해도 남을 구제하여준 사람은 극락세계로 보내준다

태산대왕 (泰山大王)

갑오 (甲午) 地獄)
을미 (乙未)
병신 (丙申)
정유 (丁酉)
무술 (戊戌)
기해 (己亥)

좌마 (挫磨)

의사가 되어 수만 사람을 살려 주어도 선덕이오 집없는 사람에게 집을 주어도 공덕이 되니 이런 적선을 한 사람은 신선이 되나 살인 방화 음해를 하면 맷돌에 갈아 죽이게 되는 것 이라 한다

제십전 (第十殿) 전륜대왕 (轉輪大王)

무오 (戊午)
기미 (己未)
경신 (庚申)
신유 (辛酉)
임술 (壬戌)
계해 (癸亥)

(暗、黑、地獄)

남 잘 사는 것을 시기하거나 친척과 화목하지 못하고 부모를 학대하여 부모에게 불효한 자는 전륜대왕께서 데려다가 캄캄한 지옥에 넣어 버린다 그러나 이 세상에서 착한 일을 하고 덕을 쌓은 사람은 옥지연으로 가게 된다

제구전 (第九殿) 도시대왕 (都市大王)

임자 (壬子)
계축 (癸丑)
갑인 (甲寅)
을묘 (乙卯)
병진 (丙辰)
정사 (丁巳)

(鐵床地獄)

세상에 남의 돈을 떼어 먹거나 음해하고 살생을 많이 하면 도시대왕께서 데려다가 쇠로 만든 지옥에 가두어 둔다 그러나 양심을 속이지 아니하고 정직하게 살면 신선이 된다고 한다

128

附

錄

符　書　擇　宮　作名斗　觧名

作　式　日　合　法

法　　　法

一. 성명(姓名)의 의의(意義)

인생은 길어야 백년(百年)을 못가지만 이름은 남아서 후세(後世)에 전하는 것

이니 이름을 짓는 일은 신중(愼重)에 신중을 기하여야 한다

이름이 그 사람의 운명(運命)을 절대적(絕對的)으로 지배하는 것은 아니지만

좋은 이름(良名)은 좋은 영향력(影響力)을 발휘하여 운(運)을 열고 나쁜 이름

(惡名)은 그 사람에게 나쁜 영향력을 발휘하여 운을 막고 장해(障害)를 가져온다

또한 성명은 그 사람을 대표하는 상징(象徵)으로서 사람을 만나기에 앞서도 성명

만 들으면 그 성명을 가진 사람의 인상(印象)이 형성(形成)되며 인품(人品)과 성격

(性格)까지 짐작할 수 있는 것이다

무릇 좋은 이름이란

첫째 부르기 쉽고 듣기 좋아야 하며

둘째 수리(數理)와 오행(五行)의 조직이 좋아야 하며

세째 글자의 뜻(字意)이 좋아야 하며

비째 남자의 이름은 돈후장중(敦厚莊重)해야 하며 여자의 이름은 **경쾌 청량**(輕快

清朗)해야 하며

다섯째 불용문자(不用文字)나 벽자(僻字)를 피해야 **할것** 등이다

二. 음양(陰陽)의 배치(配置)

우주(宇宙)의 삼라만상(森羅萬象)은 모두 음양(陰陽)의 이치(理致)로 이루어진

것인즉 성명의 조직(組織)에서도 음양의 배합을 중요시 한다

성명에 있어서의 음양의 배치를 보는 법은 성명의 한자씩을 획수(劃數)를 따져

서 기수(奇數=홀수)를 양수(陽數)로 하고 **우수**(偶數=짝수)를 음수(陰數)로

한다 십획(十劃) 이상일 때는 十을 빼고 남은 수를 본다

⊙ 양수 1. 3. 5. 7. 9.

⊙ 음수 2. 4. 6. 8. 10.

만물(萬物)은 음양의 배합(配合)으로 생성(生成)되는 것이나 성명에서도 음양

의 배치가 좋아야 한다 그러므로 음수로만 **이루어 져도** 안되며 양수(陽數)로서

만 되어서도 **안된다**

길한 음양의 배치는 다음과 같다

（음수 ＝ ● 　양수 ＝ ○）

〔三자 이름〕

○　●　○　●　●
○　○　●　○　●
○　●　○　○　●
●　●　○　○　●

〔二자 이름〕

○　○
○　●

〔四자 이름〕
이상

●　○　○　●
○　●　○　○
○　●　●　○
●　○　●　○

이상과 같은 음양의 배치는 음양이 화순상응（和順相應）하는 격으로서 순조（順調）
와 발전을 암시한다 반대로 흉한 배치는 음과 양이 편중（偏重）되어 있어 상생
（相生）을 이루지 못하는 것이다

〔三자 이름〕

○　○　○
○　○　○
○　○　○
○　○　○

〔二자 이름〕

○　○
○　○

〔四자 이름〕

○　○　○　○
○　○　○　○
○　○　○　○
○　○　○　○

●　●　●
●　●　●
●　●　●
●　●　●

●　●
●　●
●　●
●　●

●　●　●　●
●　●　●　●
●　●　●　●
●　●　●　●

이와 같이 음수로만 구성되거나 양수로만 구성된 이름을 가지면 성격과 운세가

너무 강열(强烈)해서 실패하던가 파란이 많으며 아니면 지나치게 소극적(消極的)
이던가 하는 경우가 많다 그러므로 작명을 할 때에는 음양의 배치에 유의(留意)
해야 한다

三. 성명의 오행설(姓名 五行說)

현대 과학(現代 科學)에서는 모두 물질(物質)의 조직과 생성을 구십팔종(九十
八種)의 원소(元素)에 의해서 설명하지만 고래(古來)로 동양(東洋)에서는 음양
오행(陰陽 五行)으로써 풀이해 오고 있다

오행(五行)이란 목(木) 화(火) 토(土) 금(金) 수(水)의 다섯가지로써 그 상생(相
生)과 상극(相剋)으로써 일체의 (一切) 생성변화(生成變化)를 요약(要略)할수 있
는 것이다 이 오행은 서로 살리고 도우는 경우(相生)와 서로 해치고 싸우는
경우(相剋)가 있는데 상생과 상극 외에 싸우지도 돕지도 못하는 관계인 상비(相
比)가 있다 이 상비는 동성(同性)으로써 형제나 자매와 같다 하겠다

※ 상생(相生)　金生水　水生木　木生火　火生土　土生金

※ 상극(相剋)　金剋木　木剋土　土剋水　水剋火　火剋金

※ 상비(相比)　木比木　火比火　土比土　金比金　水比水

그런데 성명학의 오행설은 성명의 획수에 의한 것과 음(音)에 의한 것으로 나

눌 수 있다

(一) 획수에 의한 오행

획수에 의한 오행을 수리오행(数理五行)이라 하는데 그 분류(分類)는 다음과

같다 (十획 이상은 十을 뺀 숫자 二十획 이상은 二十을 뺀 숫자)

※ 一·二획 = 木　　三·四획 = 火　　五·六획 = 土　　七·八획 = 金

九·十획 = 水

그런데 착오(錯誤)를 일으켜서는 아니 될 것은 수리 오행을 잡는데 어떤 수를 오

행으로 계산해야 하느냐 하는 점이다

다음의 성명의 경우

성자(姓字)인 洪이 十획이니 水오 성자와 이름 첫

자인 吉을 합하니 十六으로 十을 빼니 六이 남아 土오

이름을 합하니 十八로써 十을 빼고 八이 남아 金이

다 그러므로 洪吉童의 수리오행은 ㄱ 水 土 金 ㄴ이다

```
洪  10 ┐
       ├ 16 ┐
吉  6 ┘     ├ 18 ┐
童  12 ─────┘    ├ 22
           28 ┘
```

(二) 음 오행 (音 五行)

오행은 수리 뿐만 아니라 음(音)에 의해서도 분류 된다 음오행을 따질 때는 우리말 발음(發音)이므로 국문(國文)이 주가 된다

土	金	木	火	水
목구멍소리 (喉音)	잇소리 (齒音)	어금니소리 (牙音)	혓소리 (舌音)	입술소리 (唇音)
ㅇ ㅎ	ㅅ ㅈ ㅊ	ㄱ ㅋ	ㄴ ㄷ ㄹ ㅌ	ㅁ ㅂ ㅍ
독실 온후하며 치밀한 계획과 노력으로 대성한다 침착한 면이 있다	용감하며 강인한 실천력으로 곤란을 극복하여 성공한다 좀 번잡한 편이다	견실하고 이상(理想)을 추구하며 독보적인 지반을 닦아 성공한다 자존심이 강하다	명랑하고 활달하며 재치가 있고 과단성이 있다 다소 경솔한 면이 있다	사물에 임기 응변(臨機應變)하며 지모(智謀)가 있으나 의심증(疑心症)을 가지고 있다

◎ 음오행(音五行) 및 수리오행(數理五行) 해설(解說)

오른쪽 이름의 음오행은 「土木火」이다

土 = 홍
木 = 길
火 = 동

木木水	木木金	木木木	木木火	木木土
때때로 닥치는 악운을 극복하여 순조롭게 잘 되는 수로 성공발전 하게되나	병으로 고생하게 되나 박해가 많고 불안(不安)과 유동성(流動性)이 자주 있으며 가슴 부분의	된다 성공운(成功運)이 순조로워 희망(希望)을 달성하고 아울러 장수(長壽)하게	모든 일에 도와주는 사람이 많기에 만사(萬事)가 형통(亨通)할 운이다	가 있다 두 개의 나무가 흙을 파헤지니 위(胃)병이나 수족(手足)에 해(害)

木火金	木火水	木火木	木土火	木土土	木土金	木土水
일시적(一時的) 좋은 운을 만나지만 차차 불행(不幸)하게 되며 폐(肺)나 뇌병(腦病)에 걸리기 쉽다	일시적(一時的) 성공(成功)은 있으나 급변(急變)하는 재앙(災殃)으로 인(因)하여 급사(急死)하는 수가 있다	호흡기병(呼吸器病)에 위장(胃腸)까지 병이 있고 고독(孤獨)을 면(免)치 못한다	고생(苦生)에 시달리다가 뜻밖에 귀인(貴人)을 만나 만사형통(萬事亨通)하다	왕토(旺土)를 약목(弱木)이 제거(除去)하여 주므로 적이(適宜)하기에 매사(每事)가 순조(順調)롭다	실의수객(失意愁客)이 되거나 난치병(難治病)으로 고생(苦生)하게 된다	모든 일이 될 듯하다가 급변전락(急變轉落)하며 복부를 수술하게 된다

木火土	木火火	木火木	木金木	木金火	木金土	木金金	木金水
윗사람의 덕으로 성공(成功)하며 수복강녕(壽福康寧)을 가져 온다	이내력(忍耐力)이 부족(不足)하여 실수가 생기며 부주의로 파패(破敗)가 많다	자손(子孫)이 창성(昌盛)하고 매사순성(每事順成)하여 안락한 생활을 한다	장해와 고민(苦悶)이 많고 때로는 뇌를 상하거나 불구(不具)될 우려가 있다	가정운(家庭運)이 좋지 못하고 신경쇠약(神經衰弱)이 되거나 발광(發狂)하거나 자살수(自殺数)가 있다	성공운(成功運)이 약(弱)하여 매사(每事)에 장해(障害)가 있다가 중년후(中年後)에 성공(成功)하게 된다	가정파란(家庭波瀾)과 파산(破産)수가 있으며 머리를 상(傷)할 우려가 있다	급변전락(急變轉落)수가 있고 혹 뇌일혈(腦溢血)로 고생(苦生)하다 말명

	(末年)에는 평안(平安)할 수 있다
木水火	일시적 성공(一時的 成功)이 있으나 급변(急變)을 당하기 쉽고 항상(恒常) 위협수가 따른다
木水土	일시적으로 태평(太平)하나 의외의 재난(災難)으로 파패(破敗)하게 된다
木水金	순풍(順風)에 돛을 단 형상(形象)으로 만사(萬事)가 잘 되나 수리(數理)가 흉(凶)하면 발휘를 못 한다
木水水	성공운(成功運)이 순조(順調)롭고 모든 일이 뜻과 같이 크다
木水木	가는 곳마다 공(功)이 있으나 대성공(大成功)할 운이다
火木木	자기의 목적(目的)을 달성(達成)하고 안과태평(安過泰平)할 수다
火木火	성공운(成功運)이 순조(順調)를 이에 도와주는 사람이 많다
火火水	면사수(變死數)가 있거나 재산(財産)에 패수(敗數)가 있게 되며 뇌일혈(

火木土	火木金	火木水	火火木	火火土	火火金	
선길(先吉) 후흉(後凶)으로서 급진적 발전(急進的 發展)을 하다가 급격(急激)하게 몰락(沒落)을 하고 위병(胃病)으로 고생(苦生)한다	일시적 성공(一時的 成功)이 있다 하여도 불안정(不安定)하기에 전전 유랑(轉轉流浪)하게 되며 두뇌와 가슴 흉부(胸部)에 병이 있게 되다	회두상생(回頭相生)이 되기에 재난(災難)이 많으나 후퇴하나 안태(安泰)하고 장수(長壽)하며 부귀(富貴)를 불러 온다	언제나 도와주는 사람이 많고 건전(健全)하여 장수(長壽)까지 한다	외면(外面)은 좋으나 인내력(忍耐力)이 부족(不足)하며 좋은 기회를 놓치고 실패(失敗) 이별(離別) 단명(短命) 수가 포함(包含)되어 있다	일시적 발전(一時的 發展)이 있다 하여도 내적(內的)으로는 불안(不安)하며 호흡기(呼吸器)등의 질환(疾患)으로 고생하거나 가정파란(家庭波瀾)이 많아진다	腦溢血(뇌일혈) 심장마비(心臟痲痺)등의 급변(急病)이 무서웁다

火土木	火土火	火土土	火土金	火土水	火金木	火金土
선조(先祖)의 여덕(餘德)으로 일시적(一時的)으로 안태(安泰)하나 패재수(敗財數)가 많고 위(胃)와 장(腸)에 병(病)이 있게 된다.	발전(發展)이 온다. 상하(上下)에서 도와주니 모든 일이 순풍괘범격(順風掛帆格)으로 무한(無限)한	자연(自然)히 신체(身體)가 허약(虛弱)해 지므로 신병(身病)이 있으나 재운은 좋다.	모든 일이 잘 되어 가므로 안전한 운으로 일생에 행복을 누릴 수 있다.	일시적(一時的) 성공(成功)은 있으나 급변재액(急變災厄)으로 전락(轉落)하	거나 단명 급사(短命急死)의 흉(凶)한 배치(配置)과 하였다. 실의수객(失意愁客)이 되기 쉽고 처자(妻子)를 극(剋)하고 호흡기병(呼吸器病)	병(病)에 걸리거나 발광(發狂)하는 수가 있다. 항상 마음에 괴로운 일만 생기고 심신(心身)이 과로(過勞)하여 폐질환(肺疾患)으로 고생(苦生)할 수다.

火金火	火金金	火金水	火水水	火水木	火水火
불신불성(不伸不成)하나 매사(每事)에 실패(失敗)가 많고 또한 폐(肺)에 질환(疾患)이 있거나 발광(發狂)하기 쉽다	성공(成功)은 지연(遲延)되고 뇌(腦)와 폐(肺)를 상(傷)하게 되며 처자(妻子)까지 극(剋)하게 된다	뇌일혈(腦溢血) 심장마비(心臟麻痺) 혹은 급변사(急變死)의 참화(慘禍)를 가져 오기 쉽다	심장(心臟)이 허약(虛弱)하며 자손(子孫)과 부부(夫婦)에게 까지 불행(不幸)이 오는 불길(不吉)한 수가 한다	재난(災難)의 불상사(不祥事)가 비일비재(非一非再)하나 처다한 나공에 헤매이다가 단명(短命)하게 된다	불안정(不安定)한 운기(運氣)르서 급병 변사(急病 變死)의 우려가 있으며 가정파란(家庭波瀾)에 발광자살(發狂自殺)하기 쉽다

火水土	火水金	土木木	土木火	土木土	土木金	土木水
신병(身病)이 떠날 때가 없으며 가정까지 불행(不幸)하기에 흉운이라 한다	매사(每事)가 불성(不成)하기에 곤란(困難)이 많고 가정파란(家庭波瀾)에 병약(病弱)까지 겹하여 변사 급사(變死 急死) 등의 재앙이 있게 된다	외견(外見)은 좋으나 고생(苦生)되고 일마 많고 모든 일이 순수하지 못하므로 힘마 허비하게 되고 위장병(胃腸病)이 두렵다	성공하기 이 용이(容易)치 못하여 고난(苦難) 끝에 발전향상(發展向上)하게 되는 평길(平吉)수라 한다	토목(土木)이 상전(相戰)하니 모든 일이 되다 안되다 변도(變動)이 많으며 부부 사이에 불행(不幸)까지 온다	급변(急變)파란에 불행한 수이며 백사(百事)가 불성(不成)하는 흉수라 하겠다	불안전(不安全)한 수로서 재해가 심하고 신경쇠약(神經衰弱) 및 호흡기병(呼吸器病)으로 고생을 한다

土火木	土火火	土火土	土火金	土火水	土土金	土土水
희망이 성취(成就)되고 목적(目的)이 달성(達成)되므로 행복을 누리게 되다	성공(成功)은 용이하게 되나 인내력(忍耐力)이 부족하기에 실패를 가져오게 되니 이 점을 주의하면 무난하다	희망과 목적(目的)을 달성할 수 있으니 장수(長壽) 행복하게 되다	처음에는 모든 일이 잘 되어 가다가 뒤에는 모두 밀기 실패로 돌아가기에 마년(晚年)에 불행(不幸)이 온다	일시적 발전(一時的 發展)이 오나 기초(基礎)가 불안정(不安定)하기에 돌발사고(突發事故)가 연생(連生)되다	도금(土金)이 상생(相生)하니 상위(土位)의 덕(德)을 얻어 부귀영화하게 되다	양토(兩土)가 수(水)를 극(剋)하니 신수(腎水)가 극(剋)을 받아 방광(膀胱)에 병(病)이 생기고 혹(或)은 신경통(神經痛)으로 고생(苦生)한다

土土火	의외(意外)로 성공발전(成功發展)하여 명진사해(名振四海)하고 부귀장수 한다
土土木	변화(變化)가 많고 복부(腹部)의 병(病)과 신경쇠약(神經衰弱)까지 겹칠 염려가 있우수
土土土	성공을 할 수 있으나 수리(數理)가 흉(凶)하면 불행(不幸)하게 되구
土金木	초년(初年)에 모두 일이 잘 되어 가다가 결국(結局)은 실패(失敗)하게 되며 된다
土金火	선길후흉(先吉後凶)의 변화수(變化數)로 살 될 때는 한없이 발전(發展)되고 물락할 때는 일락천장(一落千丈)하며 가정불행(家庭不幸)까지 오게 된다
土金土	용이하게 발전하기에 모든 일이 뜻대로 되는 길수(吉數)라 하겠다
土金金	성공이 순조(順調)롭고 만사가 형통(亨通)하는 좋은 운이라 하겠다
土金水	도와주는 사람이 많기에 성공(成功)하는 길수(吉數)라 하겠다

金木火	金木木	土水水	土水金	土水土	土水火	土水木
폐(肺)와 뇌병(腦病)이 위험하고 심하면 단명하시나 혹 발광(發狂)하는 사람도 있게 된다	성공운(成功運)이 없으며 신경쇠약(神經衰弱)에 겹하여 가정파란까지 있고 심하면 불구자(不具者)가 된다	파란(波瀾)과 재난 현액(災難 刑厄)까지 오게되도 흉수이기에 불행하다	가족과 헤어지며 사이별(生離別) 사리별(死離別)하기가 쉬우며 재액(災厄)과 위험(危險)이 잇달아 발생(發生)하는 불길(不吉)한 수이다	모든 일이 불의(不意)의 재액(災厄)으로 돌변(突變)하고 심장마비(心臟痲痺)를 일으키기 쉽다	뭇하지 아니하였던 재난(災難)과 병액(病厄)이 잇달아 오기에 매사(每事)가 불길(不吉)하다	노력을 하나 대가(代價)가 엇게 되나 허비시켜(虛費盡刃)하게 되어 불길하다

金火金	金火土	金火火	金火木	金木水	金木金	金木土
화금상전(火金 相戰)하나 폐가 위험(危險)하고 또는 처(妻)와 자(子)를 극(剋)하고 파산(破産)까지 하게 되다	부주의로 인하여 재액(災厄)이 연생(連生)하고 불행이 온다	사업불성(事業不成)에 실패가 많고 심지어는 뇌(腦)와 폐(肺) 또는 발광(發狂) 변사(變死)하기 쉽다	불평 불만(不平 不滿)에 쌓여 되는 일도 없고 뇌(腦)와 폐(肺) 등에 병이 있으며 혹 변사(變死) 자살(自殺)하기 쉽다	불의(不意)의 재액(災厄)이 오다가 자연해소(自然解消) 되기에 행운(幸運)을 늦게 얻는다	실패(失敗) 또는 유랑(流浪) 전락(轉落) 되다가 되어는 난치병(難治病)으로 고생(苦生)하다	심신(心身)의 과로(過勞)로 인하여 고생하다가 불행한 운명이 되고

金金土	金金火	金金木	金土水	金土金	金土土	金土火	金土木	金土火	金火水
토금(土金)이 상생(相生)되기에 모든 일이 순성(順成)하며 건전장수(健全長壽)할 운명(運命)이다	가슴에 답답한 병이 생기게 되고 재난(災難)이 있달아 오기에 패가망신(敗家亡身)하게 되다	간(肝)에 속(屬)하므로 실명(失明)하거나 단명(短命)하다	양금(兩金)이 목(木)을 극제(剋制)하기에 불행(不幸)이 오게 되다、 목(木)은	향상발전(向上發展)이 있으며 만사(萬事)가 순성(順成)한다	뜻밖에 재물(財物)이 생기고 장수안락(長壽安樂)하는 좋은 운이다	사방에 명리(名利)가 높으나 자손이 귀하기에 아들 두기를 소원한다	성공(成功)하며 이름이 사해(四海)에 떨치게 되니 왕성(旺盛)한 운이 된다	유동운(流動運)이 심(甚)하고 위장(胃腸)에 병(病)이 발생(發生)되기에 불상사(不祥事)가 온다	뇌일혈(腦溢血) 혹은 조난(遭難)하거나 발광(發狂)하거나 변사(變死)할 우려가 있다

金金金	金金水	金水木	金水火	金水土	金水金	金水水	水木木	水木火
고집이 너무 세기에 불의(不意)의 재난을 만나게 되고 생사이별수 까지 있게 되다	금수상생(金水相生)하니 백사(百事)가 여의(如意)하고 모든 일이 향상(向上) 발전(發展)하게 되다	선조의(先祖) 덕으로 안과태평(安過太平)할 운수(運數)이나 수리(數理)가 흉○○하면 불행(不幸)하게 되다	불안정(不安定)한 운기(運氣)를 가지고 있으나 병약 단명(病弱短命)하게 되다	선길후흉(先吉後凶)의 수이나 큰 재액(災厄)이 없이 평길(平吉)하 우이 되다	일생(一生)이 행복(幸福)하므로 다자다손(多子多孫)에 부귀향락(富貴享樂)하게 되다	순풍항해(順風航海)하는 격으로 모든 일이 뜻대로 되어 간다	성공운(成功運)이 강하므로 향자유공(向者有功)하니 대길상(大吉祥)운을 가져 온다	연삼생(運三生)이 피기에 상인(上人)의 덕을 입어 순조(順調)롭게 발전(發展)하다

水木土	水木金	水木水	水火木	水火火	水火土	水火金	水火水
일시 발전(一時發展)은 허사(虛事)가 되고 후운(後運)이 불행(不幸)하게 된다	일시적 성공(一時的 成功)은 있으나 점차 불운(不運)으로 전락(轉落)하여 병액(病厄)을 면치 못하다	춘풍에 만물(萬物)이 소생하는 것과 같이 일취월장(日就月將)하는 좋은 운이다	변동이 심하여 유랑전전(流浪轉轉)하다가 끝에 가서는 병난(病難)을 면(免)치 못한다	불신 불성(不伸 不成)은 물론(勿論)이고 모든 재앙(災殃)이 침입(侵入)하여 뇌일혈(腦溢血) 심장마비(心臟麻痺)에 가정파란(家庭波瀾)까지 겸(兼)하게 된다	급변(急變)을 초래(招來)하는 위험(危險)한 오행(五行)이니 가급적(可及的)이면 쓰지 않는 것이 좋다	가정파란이 생기고 급변 액운(急變厄運)이 잇달아 오게 되니 흉한 배치(配置)라 하겠다	최흉(最凶)의 수(数)로써 실명(失明)하기 쉬우며 또한 발광 변사(發狂 變死)하게 된다

水土木	위장병(胃腸病)으로 신고(辛苦)하거나 부부 이별수(夫婦 離別數)가 있게 되니 가정(家庭)이 불화(不和)할 운(運)이다
水土火	모두 일에 장해가 많고 하수인(下手人)의 피해가 많게 된다
水土土	신장(五臟)에 병(病)이 생기고 또 신경통(神經痛)으로 고생하게 된다
水土金	성공운(成功運)이 없으므로 불의(不意)의 재앙이 속출되고 불행이 오게 된다
水土水	매사(每事)가 부진(不振)하고 급변전락(急變轉落)에 저액(災厄)이 연속하게 되다
水金木	처자(妻子)를 극(剋)하거나 그렇지 아니하면 불구(不具)가 되기 쉽다
水金火	난치병(難治病)으로 고생하다가 단명(短命)하기 쉽고 가정운까지 불행하다
水金土	만사여의(萬事如意)하여 모두 일에 뜻을 이루게 되므로 행복한 생활을 한다
水金金	금은(金銀)이 창고(倉庫)에 가득 차고 자손(子孫)이 만당(滿堂)하는 대길운(大吉運)이다

水水水	水水金	水水土	水水火	水水木	水金水
한빙(寒冷)한 물이 너무 거세기에 도리어 재액(災厄)으로 변하여 병약단명(病弱短命)하게 되다	대성공자(大成功者)가 허다(許多)한 좋은 수리 하나 수리(數理)가 흉(凶)하면 불행(不幸)이 온다	가정불행(家庭不幸) 또는 병난(病難)의 재액(災厄)이 속출(續出)하므로 두 일이 이루어지지 않는다	실패곤고(失敗困苦)는 물론(勿論)이오 단명(短命)하는 불상사(不祥事)가 오는 불 행운(不幸運)이다	고목봉춘격(枯木逢春格)으로 일신(日新) 월성(月盛)하므로 대부 대귀(大富大貴)하게 되는 호운(好運)이다	성공(成功)하고 발전(發展)하니 행복(幸福)을 누리게 되다

四. 획수(劃數)를 정하는 법

성명의 요결(要訣)은 수리(數理) 음양(陰陽) 오행(五行) 자의(字意) 발음(發音)

사주(四柱)상의 상응(相應) 등등 간단하지가 않지만 그 중에서도 수리가 차지하는

비중이 매우 크다

수리는 성명의 자획수(字劃數)에 의하므로 어떤 글자를 몇 획으로 계산 하느냐

하는 것은 중요한 문제다

몇획으로 계산하느냐 하는 문제로 왈가왈부(曰可曰否)되는 것은 숫자와 변(邊)이

라 하겠다

물수변 「氵」을 혹자(或者)는 실제로 三획이니 그대로 三획이라 하지만 엄연히

「氵」는 「水」에서 변성(變成)된 것이니 四획으로 계산함이 타당(妥當)한 일이다

왜냐 하면 한자(漢字)는 상형문자(象形文字)로서 뜻글이므로 변성(變成)된 글자일

지라도 그 본래의 뜻을 추구(追求)함이 옳기 때문이다

변(邊)으로서 획수가 문제되는 한자(漢字)를 산추리면 다음과 같다

忄＝心 (四획)　　扌＝手 (四획)　　氵＝水 (四획)　　犭＝犬 (四획)　　艹＝艸 (六획)

阝=邑 (七획) (右변) 阝=阜 (八획) (左변) 夕=夕 (五획) 王=玉 (五획)

示=示 (五획) 衤=衣 (六획) 辶=辵 (七획) 月=肉 (六획)

다음으로 문제가 되는 것은 숫자인데 혹자(或者)는 二、七、八、九、十은 二획으로

四는 五획. 五는 六은 四획으로 계산해야 한다지만 부당(不當)한 주장이다

한자(漢字) 숫자는 그 획수에 관계없이 그 숫자가 뜻하는 숫자대로 획수를 잡는

것이 마땅하다 그 이유는 앞에서 설명한 대로이다 그러므로 一은 一획 二는 二획

三은 三획 四는 四획 五는 五획…… 이렇게 계산해야 한다

그러나 百 千 萬 億 兆 등의 숫자는 앞에서 설명한 기본 숫자와는 달리 그

획수대로 百은 六획 千은 三획으로 계산해야 한다

五、수리(数理)의 조직(組織)

성명에 있어서 각자(各字)가 가진 획수는 하나하나 떼어 놓아서는 아무런 의미(意味)가 없다 수리(数理)는 상호배합(相互配合)함으로써 뜻과 영향력(影響力)을 발휘한다

성명은 각자(各字) 획수를 배합(配合)하는 순서와 방식에 따라 인격(人格) 지격(地格) 외격(外格) 총격(総格)으로 나눈다

인격(人格)은 성(姓)과 이름 첫자의 획수를 합한 것이다

지격(地格)은 성(姓)을 뺀 이름만의 획수이다

외격(外格)은 성(姓)과 이름 끝자를 합한 획수로 한다

총격(總格)은 성명(姓名)의 획수를 모두 합친 것이다

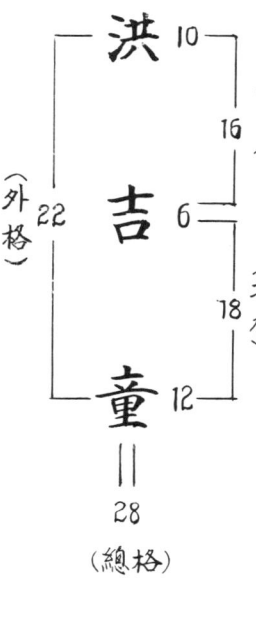

(一) 인격(人格)으로는 그 사람의 지능(知能) 사회운(社會運) 성격(性格) 등이 중점적으로 나타난다 영향력을 발휘하는 시기인 청년기(青年期)부터 장년기(壯年期)에 걸친 인격(人格)에 흥수(凶数)가 배치되면 출세(出世)에 난관과 지장이 많을 것을 암시한다

(二) 지격(地格)으로는 초년운(初年運)이 중점적으로 나타난다 이 지격(地格)으로서 소년(少年) 시절의 행 불행(幸 不幸)과 가정환경 성장 등을 보게 되다

(三) 외격(外格)은 인격(人格)과 지격(地格)을 보충하거나 보조(補助)하는 암시가 있다 또한 가족운(家族運) 이성관계(異性關係)및 부부운(夫婦運) 등을 본다 영향력을 발휘하는 시기는 중년(中年) 이후이다

(四) 총격(總格)으로는 운명(運命) 전반을 감정(鑑定)하다 총격(總格)이 길수(吉數)이면 설령 인격 지격 외격이 흉수(凶數)일지라도 만난(萬難)을 극복하고 종국(終局)에는 성공하게 되다 특히 영향력을 발휘하는 시기는 중년부터 말년에 걸친다

劃数	解説
[一]	만사(萬事)와 만물(萬物)의 시초(始初)로서 근본이 되는 것이므로 강력하고 위대한 좋은 수(數)이다 복(福)과 수(壽)가 다 같이 겸비(兼備)하여 명예(名譽)와 지위(地位)가 올라가고 남녀 다 같이 말년(末年)까지 편안하다
[二]	다소 심약(心弱)하여 이별수(數) 불안 동요하는 뜻도 포함되어 있으나 부드러움과 덕(德)을 갖추어 화합하고 협력(協力)하여 서로 도와 경사스럽고 만복(萬福)이 올 수(數)이다
[三]	음(陰)과 양(陽)이 화합하는 만사형통(萬事亨通)의 좋은 수(數)이다 머리가 영특하고 복(福)과 록(祿)이 풍부하며 신체 건강하여 장수하며 명예와 영화가 뜻대로 이루어지는 최대행운의 수(數)이다

〔四〕

불운이 연속하여 우울하고 불안(不安)하므로 좌멸의 흉조(凶兆)과 독립의 기력

이 약하여 고통과 불운이 중복하여 진퇴양난(進退兩難)의 불행수 이다

단 간혹 이 수(數)에서 일대(一代)의 호걸 또는 특이한 호자 영녀가 나오

는 수가 있다

〔五〕

기수(奇數)로서 중앙에 위치하여 음(陰)과 양(陽)이 서로 화합하니 좋은수

가 되어 정신이 활달하고 신체가 건강하여 윗사람이나 아랫사람의 신임을

얻어 부키와 번명이 마음대로 되는 대 행운수 이다

〔六〕

하늘의 덕(德)과 땅의 행복(幸福)을 한 몸에 지녀 만(萬)가지의 보화(寶貨)

가 가문(家門)에 들어오는 좋은 일이나 너무 좋으편 불행이 오는 수와

같이 기쁨이 극도에 달하면 도리어 슬프고 처량함을 맛보게 되는 수가 있다

〔七〕

독립(獨立)할 수 있고 권위(權威)가 강력한 운이나 ...하면 부러지기 쉬

듯이 동화력(同化力)을 잃어 내외(內外) 좌우(左右)에 불화를 일으키는 수가 있

으니 마음을 크게 먹고 아량을 베풀면 좋은 수 이다

〔八〕

의지가 철석(鐵石)같아 앞으로 나아가는 기백이 있고 만사(萬事)를 잘 처리
하며 목적을 달성하는 좋은 점이 있으나 너무 강식하여 조난(遭難)의 위험
이 있는 수이다

〔九〕

모든 일이 통하지 아니하므로 잇점(利点)을 없고 고고(孤苦)만 있어 불운
파 불행이 겹치는 나쁜 수다 부모와 이별하고 자식을 잃어 고독 적막하
여 한탄하는 수이다

그러나 이 수리(數理)에서 절세(絶世)의 영웅이걸나 또는 거상(巨商) 명배우
대문인(大文人) 등이 나오기도 한다

〔一〇〕

九의 극수(極數)에서 하나 더하니 과잉의 경지이며 마귀(魔鬼)가 재난을
부리는 상(相)이구 불행 단명하며 불우한 흉액을 마나는 최악의 수이다

단이 수도 九의 경우와 같이 간혹 사선(死線)을 넘어 비상한 대성공자
를 내는 수도 있다

〔十一〕

겨울이 가고 봄이 돌아와 하늘이 주는 행운(幸運)을 받아 흥선하고 착

실하나 성공발전과 번영이 끝이 없어 가운(家運)을 재건(再建)하게 되므로 최
대의 좋은 수이다

[十二]

마음이 약하여 무리한 발전을 하려다가 중도에서 실패하게 된다 모든
사물에 부족함이 많으므로 뜻대로 안되어 가족과의 인연이 없고 고독 적
막을 금할 수 없는 수이다

[十三]

타오르는 불꽃과 같이 활기가 있고 명랑하여 지혜가 뛰어나고 기재(奇才)
의 소질이 있어 어떠한 난관이라도 돌파하여 대성(大成)을 이룰
수 있는 좋은 수이다

[十四]

운수의 기복이 심하여 정착하지 못하며 파란도 많고 모든 일이 시종(始
終) 여의치 못하여 가족과의 인연(因緣)이 없고 고독 적막 또는 패산(敗産)
하는 흉수가 연달아 오는 수이다

[十五]

원만하고 착실하여 온후한 두령격(頭領格)이다 상하의 신망을 한 몸에
지녀 큰 일을 성취하여 가문(家門)을 일으키고 재산을 모으며 명성을

올리는 수이다

[十六]

불운을 극복하여 번창하는 뜻이 있어 두터운 아량(雅量)으로 만인(萬人)의 신망을 얻어 순조롭게 발전하는 좋은 수이며 온건한 사람으로 덕망이 높다

[十七]

의지가 견고(堅固)하여 만난(萬難)을 돌파하여 초지(初志)를 관철하는 좋은 점을 갖고 있으나 잘못하면 교만하고 방자하여 불화(不和)를 이르키기 쉬운 점(點)이 있는 수이니 이 점을 유의(留意)하면 대성(大成)한다

[十八]

지략(智略)과 지모(智謀)와 권력(權力)을 겸비(兼備)하여 능요하지 아니하고 철석(鐵石)의 신념을 갖고 임하기 때문에 크게 성공하는 수이나 역시 너무 강직(剛直)하기에 적이 많이 있기 마련이다

[十九]

재능이 풍부하고 활력이 왕성하여 기묘한 기획을 세우는 수이나 항상 뜻밖의 장애에 부듯쳐 좌절되니 대성(大成)을 하기 어렵고 운로(運路)가 정처 없기에 혹 수술하거나 낙상절골(落傷折骨) 수가 있게 되다

〔二十〕

분별 화과의 흉조(凶兆)를 갖고 있으며 뜻은 있으나 힘이 모자라고 재액
(災厄)이 겹쳐 육친(六親)과 사별(死別)하고 병약(病弱)하거나 고독(孤獨)
또는 단명(短命)하는 불행(不幸) 수이다

〔二十一〕

검은 구름이 개이고 밝은 달이 비춰 주는 상이라 자립(自立)으로서 권
위(權威)가 혁혁한 두령운(頭領運)이며 전도(前途)양양(洋洋)한 좋은 운이
다 그러나 여자에게는 너무 강(强)하여 흉액을 초래하므로 고독을 느끼
는 과부 수라 사회활동(社會活動)을 하면 돈을 모을 수 있다

〔二十二〕

가을철에 초목(草木)이 서리 맞는 상(象)이라 매사가 중도에 좌절하는
불행한 흉수라 그러나 二十二과 二十三의 완선한 두령운의 조자에 끼어 있으
므로 한패는 명성(名聲)을 떨치는 수도 있다

〔二十三〕

아침 해가 솟아 오르듯 혁혁한 두령운이며 비천한 몸으로 성공하여 천
하를 호령하는 기풍이 있어 한 번 운에 접하면 맹호(猛虎)가 날개를 얻
은 듯 활동한다 그러나 여자에게는 강하여 화합을 못 하고 고독한 수

로 독신출세(獨身出世)하다

〔三十四〕

재능과 근면으로 무(無)에서 유(有)를 창조하여 거부(巨富)가 되는 좋은 수이다 돈과 재물(財物)이 스스로 굴러 오고 처복(妻福)도 좋아 뜻밖의 행운이 오게 된다

〔三十五〕

영웅의 성품과 커즐한 재능을 타고 났으나 일방적인 성격을 가지면 타 인과의 조화를 이루지 못하고 대업(大業)이 중간에서 좌절되는 수가 있다 이 점을 주의하면 그게 성공(成功)하게 된다

〔三十六〕

파란만장(波瀾萬丈)한 변괴(變怪)한 운격(運格)이나 영웅운을 타고났기 에 선천적인 머리와 강열한 성격이 만난(萬難)을 극복하고 대(代)를 주름 잡는 위인(偉人)이 될 수도 있다 그러나 보통사람으로는 이 수를 가지 면 단명(短命)하거나 형액(刑厄)수가 있거나 또는 불구자(不具者)가 된다

〔三十七〕

남 넘음 칼과 같이 자기를 과신(過信)하며 여기저기서 비방 훼방(非謗、誹謗) 攻擊을 받아 중도(中途)에서 모든 일이 화파되고 비난(非難)을 받으며 피

살(殺殺)하거나 또는 병신(病身)이 되는 흉수(凶数)라 하구

〔二十八〕 二十六과 같이 파란변동(波瀾變動)이 많고 강직(剛直)에 넘쳐 남과 융화하지 못하고 형벌(刑罰)의 액(厄)을 만나 살상(殺傷)의 위험을 바라며 가정적으로도 불행하다

〔二十九〕 매우 활동적이며 지모(智謀)가 뛰어나고 재운(財運)고 타고나 영달(榮達)의 좋은 운이 있다

〔三十〕 이 숫자(數字)는 운로(運路)에 굴곡이 많고 선악(善惡)을 구별(區別)할 수 없는 파란(波瀾)이 온다 그리고 투기적(投機的)이고, 요행수만 바라다가 하루밤에 높은 자리에서 일락천장(一落千丈)하는 위험한 운수이다

〔三十一〕 지인용(智仁勇)의 삼덕(三德)을 겸비(兼備)한 아량(雅量) 있는 두령운적으로 대중(大衆)을 통솔(統率)하여 번영 부키(繁榮富貴)를 얻어 이름을 펼친다 남녀(男女)가 다 같이 좋은 수이다

〔三十二〕

여행 많은 호운격(好運格)이라 온순하고 자비심이 많아 행운이 스스로 이루어지는 좋은 운로(運路)이다 복권(福券) 당첨자가 이 수리(數理)에서 나오게 되다

〔三十三〕

화려한 용성운(隆盛運)으로서 높은 천위가 있고 과감(果敢)하여 명성을 떨치다가 한 번 실수하면 천길되는 함정에 떨어지는 위험이 있으니 경솔하게 하지 말라는 말이 있다 특히 부인(婦人)에게는 행운으로 돼 있으니 남자에게만 쓰게 되는 수다

〔三十四〕

부모(父母)하고 고독 적막한 불운수(不運數)이니라 파괴 산잡한 불운이 많고 불행하여 매사(每事)에 실패하는 수로서 조실

〔三十五〕

재능은 있으나 힘이 미치지 못하고 지모(智謀)는 공부하나 권세(權勢)를 부리지 못하다 조용하고 편안한 생활을 하는 것이 좋으니 예술 기능 방면으로 진출함이 좋다 이 수를 가지면 평생을 행복하게 지내다

〔三十六〕

二十六과 같이 영웅운으로서 신명(神命)을 다하여 인의(仁義)를 이룩

한다 그러나 변화무쌍(變化無雙)하여 활동하면 할수록 파란(波瀾)이 많기
에 편안을 얻기 힘드는 운수이다

[三十七]

열성(熱誠)이 지극하며 재능이 좋고 의지가 강하여 대성(大成)할 수 있다
그러나 한편으로 한 가지 일에 열중 하다가는 주위를 돌아보지 못하여
고립(孤立)하기 쉽고 고민하기 쉽다

[三十八]

뜻은 있으나 힘이 모자라고 야심은 있으나 영도력(領導力)이 부족하므로
대성(大成)은 못하나 평온(平穩)한 편이니 예능(藝能) 방면에 진출하면 발
전할 수 있다

[三十九]

파란(波瀾)도 있고 권세와 덕망도 겸비(兼備)하여 재지(才智)가 많아 명
성이 천하에 떨치는 한편 때로는 위협을 내포하는 운수이다 그러나 대개
강력한 운세이다

[四十]

파란(波瀾)성쇠(盛衰)의 운(運)을 가졌으나 지모(智謀)가 뛰어나고 담대하여
투기적(投機的)이어서 이상하게 진출하는 수도 있으나 대개는 자초지화

〔四十一〕 모든 착실(着實)하게 사업을 펴가는 뜻이 있어 건전하게 대업(大業)을 성 취하여 명실(名實) 공(共)히 좋은 결과를 맺는 좋은 운수이다

〔四十二〕 다능(多能)다재(多才)하여 매사를 손쉽게 보는 편이며 표면은 화려하 기술자에 불과하다 이 수를 가진 사람은 평생(平生)에 색난(色難)을 조심하 여야 한다

〔四十三〕 의지가 박약 산만하므로 비단옷 입고 밤길 걷는 격이며 재지(才智)는 있으나 파재(破財)하기 쉽고 남색(濫色)에 빠지기 쉽고 걸으로는 잘 되는 것 같으나 실은 내적(內的)으로 비어 있다

〔四十四〕 파피되고 멸망되며 이별수까지 있는 흉수(凶數)이며 만사가 뜻대로 되지 않아 곤경에서 헤메이게 된다 가족과의 이연도 없어 재난과 병마(病魔)가 중복하여 불행한 운수(運數)이다 그러나 간혹 위인이나 대학자나 대발명가 들이 이 수리에서 배출되는 수가 있다

〔四十九〕	〔四十八〕	〔四十七〕	〔四十六〕	〔四十五〕
소운(小運)이 오면 대운(大運)이 파라오고 재난(災難)이 오면 걷잡을 수 없게 되니 소위 길(吉)과 흉(凶)이 좋이 한장 차의 위험한 수리(数理)이므로 경솔하게 써서는 안된다	노력의 결실을 얻어 신망이 두터워져 고문(顧問) 또는 상담역(相談役)으로 존경을 받으며 영화(榮華)와 발전(發展)이 뜻대로 이루어지는 좋은 운수이다	풀과 나무가 봄을 만나 꽃이 만개(滿開)하는 상이다 모든 일이 순조로와 큰 이익을 가져올 두터운 신용을 얻어 이름을 떨치는 좋은 운수이다	혹 위대(偉大)한 대 성공자(大成功者)들이 이 수에서 배출되는 수도 있다 보화를 싣고 가다가 파선하는 상이다 나의 뜻이 중도에서 틀어져 눈물을 흘리게 된다 二十六 三十六과 같이 파란이 그칠 날이 없다 그러나 산	만난(萬難)을 타개하여 순풍에 돛단 듯 잔잔하고 평온(平穩)한 대양(大洋)을 항해하는 상이다 그러나 혹 큰 파도가 몰아와도 잘 타고 넘어 목적을 달성하는 좋은 운수이다

〔五十〕 시작은 좋으나 끝이 안 좋고 한 번은 성공하나 자칫 잘못하면 재기(再起)가 용이(容易)치 아니하며 말년(末年)에 적막한 운수가 되다

〔五十一〕 파란 변동(波瀾變動)이 많고 흥망성쇠(興亡盛衰)를 펴지 못하며 길흉(吉凶)이 빈번하여 평안(平安)을 얻기 힘들다 이 수가 중복(重複)되면 말년(末年)에 회복하기 힘든 운수이다

〔五十二〕 무(無)에서 유(有)를 창조하며 대세(大勢)를 잘 파악하여 한 번 행운을 잡으면 비룡승천(飛龍昇天)하는 상과 같이 대성(大成)하여 튼튼한 기반을 만드는 좋은 수리이다

〔五十三〕 길흉(吉凶)이 상반(相半)하여 자주 변란(變難)이 오니 외관(外觀)은 화려하나 속으로는 화근(禍根)이 그칠 날이 없는 수리이다

〔五十四〕 파재수(破財數)가 있고 만사가 뜻대로 되지 않아 손해가 중복하여 패가망 敗家하는 재액(災厄)에 부딪치는 운수이다 간혹 전반(前半)에 행복하다 하여도 말년에 불행하기가 쉬운 수리이다

【五十九】	【五十八】	【五十七】	【五十六】	【五十五】
용기도 없고 이내력도 없으며 두뇌도 아둔하여 항상 고생(苦生)하는 운수이니 역경(逆境)에 부딪쳐 실의수객(失意愁客)이 되는 수다	운로(運路)가 불행(不幸)하여 소장(消長)이 끝이 없으나 불운(不運)을 이겨내므로 만난(萬難)을 능(能)히 돌파하니 풍상(風霜)이 지난 뒤에 대성(大成)하게 되므로 대게 초운(初運)보다 후운(後運)이 좋을 뒷이다	반가운 봄을 만나드시 흉조(凶兆)에서 길조(吉兆)로 반전(反轉)하는 수이다 운(運)을 만나면 놀랄만한 비약적(飛躍的)인 발전(發展)을 가져오는 수(數)이니 엄격(嚴格)한 시련을 잘 견뎌야 하라	용기도 없고 이내심도 없어 매사에 소홀하며 한 번 넘어지면 일어나기 힘드니 화란(禍難)에 휘말리는 수리(數理)이다	잘 되면 천상(天上)의 용(龍)이 되고 못 되면 지하(地下)의 지렁이가 되는 수리(數理)로서 흥망성쇠(興亡盛衰)의 기복이 무상(無常)한 운수이다

〔六十〕

노력과 공로(功勞)가 헛되어 불안요동(不安搖動)을 계속 하다가 진퇴양난(進退兩難)에 빠지며 때로는 형벌살상(刑罰殺傷)을 받는 나쁜 수리이다

〔六十一〕

명예와 영달(榮達)을 한 몸에 받는 반면 내외불화(內外不和)를 조성하고 가정(家庭)에는 풍파(風波)를 일으켜 형제간(兄弟間)에 우애(友愛)가 없는

〔六十二〕

좋지 않는 운수이다

불화(不和)하고 불신(不信)을 받아 점차 불행이 중복(重複)하게 되며 뜻이

〔六十三〕

중도에서 좌절 되고 병약과 재난(災難)이 그칠 사이 없는 나쁜 운수이고

대부(大部)에 단비를 만나듯이 크게 발전 하기에 방해물이 스스로 없어

지며 앞길이 터지는 운로로서 자기(自己)도 모르는 사이에 대성(大成)하는

좋은 운수이다

〔六十四〕

한 번 불운(不運)을 만나면 발을 뺄수 없는 비운(非運)으로서 이별과

고독(孤獨) 적막(寂漠)에 허덕이며 병난(病難)과 상해(傷害)에 우는 불우(不

遇)한 수리(數理)이다

〔六十五〕 다복(多福)하고 장수(長壽)하며 부귀영화(富貴榮華)를 한 몸에 지녀 명성이 사방(四方)에서 널리 떨치며 일생 평안하고 영화(榮華)를 자손(子孫)에게까지 전달(傳達)할 수 있는 대단히 다행(多幸)한 운수를 갖는다

〔六十六〕 파산수가 있고 진퇴(進退)가 뜻대로 되지 않아 친구와 선후배에 배신(背信)을 당하고 손해를 입으며 고독하여 의지할 데 없는 나쁜 수리이다

〔六十七〕 악몽(惡夢)의 긴 밤이 지나고 희망의 새아침을 맞이하는 겪으로 높은 자리에 추대를 받고 부하에게 신망(信望)을 얻어 만사(萬事)가 뜻대로 발전하고 번창하는 좋은 수리이다

〔六十八〕 전략(戰略)이 치밀하고 부지런하여 백절불굴(百折不屈)의 힘을 지녀 발명과 창조의 재능이 뛰어나므로 주위(周圍)의 신망(信望)을 얻어 대성할 좋은 운수이다

〔六十九〕 궁겁과 병약(病弱)을 겸하여 무기력(無氣力)하므로 전도(前途)가 암담한 수이다 불안과 둠오가 그칠 사이가 없고 사선(死線)을 방황하는 나쁜 수이다

〔七十〕

군심과 수심에 사로잡혀 고독 적막 하고 오랫동안 허망한 세월을 보내
며 이별과 궁핍에 울고 형벌(刑罰) 살상(殺傷)의 재난(災難)이 그칠 사
이 없는 나쁜 수리이다

〔七十一〕

좋은 운로(運路)를 만나도 힘이 모자라고 사고력(思考力)이 부족하여 크
게 횡재를 하였다가 놓치는 수가 있으니 그저 자연에 맡겨 편안할 때를
기다리라

〔七十二〕

섬은 구름이 밝은 달을 가리워 버리는 격이어서 외모는 행복하게 보이
나 속으로는 고민(苦悶)이 있고 처음에는 번영(繁榮)하는 것 같으나 끝이
없고 길(吉)과 흉(凶)이 맞붙어 있는 흉수(凶數)이다

〔七十三〕

길흉(吉凶)이 상반(相半)하고 있으나 七十二와 반대로 초반(初半)에 힘이 약
하여 고생이 많으나 후반(後半)에 서서히 풀려가는 안락 평안한 수리이다

〔七十四〕

무력무능(無力無能)하고 무위도식(無爲徒食)하는 격으로 쓸데 없는 공상(空想)
으로 이루지 못할 일을 꿈꾸고 남들에게 조소(嘲笑)를 받는 수리이다

〔七十五〕

전진을 하나 후퇴를 하나 이루어지지 아니하므로 박약한 수리로서 분수에 맞지 않는 야심(野心)을 부리다가 오히려 재액(災厄)을 초래하는고로 스스로 자중(自重)하면 좋은 운수이다

〔七十六〕

만사(萬事)에 조화를 잃고 계획이 부실(不實)하여 실패하는 겪으로 현액 (刑厄) 상해(傷害) 이별(離別) 등등 좋지 않은 수리이다

〔七十七〕

실흉(凶)을 동반 하였기에 내외(內外)로 복(福)과 화(禍)를 지녀 흉중, 凶中에 좋은 일이 생기기도 하고 행복한 가운데에 복잡한 수가 생기니 초 반이 좋으면 후반이 좋지 않고 후반이 행복하면 초반이 불행한 수리이다

〔七十八〕

이것 역시 실흉(凶)이 상반(相半)하는 수리로서 나쁜 운이 좀 센 편인 페 하늘이 부여한 재능이 빛을 못 보고 고생한 보람도 없이 한 번 반 짝하다가 말년(末年)에 불행한 수리이다

〔七十九〕

정신력이 박약하여 실행력도 없고 도의심(道義心)도 없어 신용을 잃고 비난을 받는 폐인(廢人)이라 하겠으니 나쁜 수리이다

운세가 평탄치 않고 고생이 막심하여 재난이 그칠 사이 없고 병고(病苦)

와 고독속에 헤메거나 형벌(刑罰)을 받을 수 이며 횡사(橫死)를 하는등 아

주 나쁜 수리이다 그러나 스스로 자중(自重) 은퇴생활(隱退生活)을 하면 재

난을 면하고 평안한 생활을 할 수 있는 운세이다

九와 九의 승수(乘數)로서 여기서 끝이 나는 수리(数理)로서 맨 처음 一

과 같이 행복한 운수이다

五. 이름에 쓰지 않는 글자(不用文字)

선인(先人)들이 수천년 동안 한자(漢字)를 써버려오는 동안 다음에 열거하는

한문(漢文)은 통계적(統計的)으로 불운(不運)과 악운(惡運)을 암시(暗示)하고 있

으므로 이름에 쓰지 않는 것이 좋다

알기쉽게 작부(酌婦) 화류계여성(花柳界女性)의 이름을 보면 춘자(春子)

옥자(玉子) 순자(順子) 옥희(玉熙) 수복(壽福)등의 이름으로 되어 있는데 이

와 같은 이름을 가진 사람을 통계하여 보면 열 사람에 八, 九명은 불행한 운명을

가졌으니 좋지못한 것이 확실하다 그리고 좋은것이 좋드시 이와같은 글자를 쓰지않고서

도 얼마든지 좋은 이름을 지을 수 있는데도 구태어 불운을 암시하는 글자를 왜

쓸 것인가? 그러므로 다음에 열거하는 한자(漢字)는 쓰지 않는 것이 좋다

敏 성질이 날카로워 불화(不和)하므로 모든 일이 성사(成事)되지 않는다

龜 천년을 살수 있는 거북이라 좋을듯하나 이와 반대로 단명하게 된다

勝 재앙이 잇달아 닥쳐오므로 고배를 마시게 되며 모든일이 좌절한다

伊 일본(日本)에서 잘 쓰는 것인데 우리가 쓰면 고독하고 미천(微賤)하게 된다

虎 대개 다명한 사람이 많고 그렇지 않으면 가난하다

大 동생이 쓰면 형이 망한다 그 이유는 동생이 형으로 되기 때문이다

鶴 너무나 청수(淸秀)하기에 남이 알아주기는 하나 재물이 없게 된다

長 동생이 쓰면 형이 망하는 글자로서 모두 일이 중도에서 좌절하다

新 새것의 반대는 낡은 것이니 모든 일이 유두무미(有頭無尾) 하게 되다

眞 진짜의 반대는 가짜이니 모든 일이 허사로 돌아가기에 불행하다

福 복의 반대는 불행이니 과부가 되거나 홀아비가 되며 재액이 떠나지 않는다

子 이 자를 쓰면 천하게 되고 가정에 불화가 오며 불행하게 되다

尺 이 이름을 옛부터 하천인(下賤人)이 쓰고 있었으므로 불행한 우명이 되다

孝 효도의 반대는 불효이니 조실부모(早失父母)하기 쉽기에 이름에 쓰지 않는다

泰 동생이 쓰면 형이 망하게 되다

千 육친의 덕이 없고 만사가 불행하나 성(姓)으로 되는 경우에는 제외 되다

完 장자(長子)는 쓰나 차자(次子)는 쓰지 못하다 동생이 쓰면 형이 망하게 되다

喜 기쁨의 반대가 슬픔이니 고독을 면치 못하며 파재수(破財数)가 있게 되다

元 자의(字意)가 으뜸이므로 장자(長子)에게는 쓰나 차자(次子)에게는 쓰지 못한다

南 여자가 쓰면 무의 무탁하여 과부를 면치 못한다

姬 여자는 남자를 도와주기만 하고 자기의 힘만 손상하게 **되니 좋지 않다**

紅 단명(短命)한 수가 있고 모든 일이 잘 **되지 않는다**

順 하천(下賤) 고독하며 매사에 고민이 많고 **단명하게 되는** 불길한 글자이다

地 기초가 약하며 재액(災厄)이 많이 오기에 피하는 것이 좋다

命 의지할 데가 없고 가는곳마다 해를 주는 사람을 만나게 된다

月 달과 같이 중천에 외롭게 떠 있으나 고독을 면치 못하게 **된다**

夏 모든 일에 파란이 거듭 **되고** 피하는 일이 하나도 이루어지지 않는다

冬 매사가 불성하는 뜻이 있기에 남의 좋은 일만 하다가 만다

龍 가상 동물로서 인간의 눈으로 보지 못하는 것이라 허망한 일이 많고 흉하다

川 자형(字形)이 분산하는 것이니 모든 일이 흩어진다

吉 육친의 덕이 없고 모든 일이 되지 아니하여 좋지 않다

日 매사에 장해가 많고 신체에 고장이 있기에 자유가 없게 되다

星 모든 일이 불운에 빠져 회복하지 못하며 고독한 과부를 면키 어렵다

春 의지가 박약하여 모든일이 중도에서 좌절되고 단명하다

秋 불운에 헤메이고 단명하다 성씨(姓氏)로 될때는 제외 하다

花 고독하고 단명까지 겸하였으니 불길한 글자이다

山 슬픔이 끝이지 아니하고 성질이 고지식하여 불화를 일으키기 쉽다

雪 속히 이루어 지고 속히 패하게 되며 불행을 초래 한다

笑 뜻하지 아니한 재난이 오므로 만사가 불성(不成)하고

石 하천한 사람들이 많이 쓰는 글자이며 모든 일이 중도에서 좌절한다

榮 수심이 그치지 아니하므로 고배를 마시게 되며 매사가 불성(不成)하고

銀 마음은 착하나 인덕이 없고 모든 일이 장래가 많기에 굴곡이 많다

松 투지는 강하나 고독을 면하기 어렵고 재물의 손실이 많다

美 성품은 좋으나 허영심이 많고 팔자가 기박하기에 하천 고독을 면할 길이 없다

桃 인덕이 부족하기에 모든 일이 파패(破敗)가 많고 질병이 많게 되고

梅 기생들이 많이 쓰는 글자인데 이별수가 잦기에 불행을 가져온다

實 대개 과부가 많고 일생에 파란이 중중하다

初 불행이 잇달아 오기에 만사에 장해가 많으니 불길한 글자이다

鐵 이 글자를 쓰면 가난하고 고독하며 남에게 천대를 받는 불행한 글자이다

仁 고질이 있으며 불행이 잇달아 오니 평생에 재난만 오게 된다

玉 모든 일이 산산 조각나는 형상이나 자주 파패수가 있다 여자에는 과부수가 많다

女 하천 고독(下賤 孤獨)을 면치 못하니 불길한 글자이다

明 머리는 명석하나 파란이 자주 오기에 모든 일이 이루어지지 않는다

貴·珍 모든 일이 중도에 어긋나며 여자에게는 과부가 되는 수가 흔하다

菊·錦 고독을 면할 길이 없으며 모든 일이 이루어지지 못하니 한평생을 고생만 한다

庚 이덕이 없고 모든 일이 파패되며 불구 폐질(不具·癈疾)에 걸릴 염려가 있다

성(姓)에 맞춘 이름자(字)의 획수(劃數)

성별(姓別) 아래의 숫자(數字)는 이름 두 글자를 성획수(姓劃數)와 맞추어 놓을 것이니 작명시(作名時)에 필요(必要)할 것임

성명획수(姓名劃數) — 성(姓) / 氏

10	9	8	7	6	5	4	3	2
洪	柳	金	吳	朴	石	方	千	乜
高	俞	具	呂	朱	玉	卞		卜
唐	姜	林	杜	全	片	毛		丁
骨	南	松	成	吉	丘	王		
曹	咸	孟	延	年	玄	元		
徐	秋	房	良	安	平	孔		
殷	河	沈	余		田	尹		
孫	禹	明	李		申	文		
秦	表	卓	宋		白	夫		
馬	泗	門	辛		史			
晉	宣	尚	利		皮			
	韋	昔			印			
	施	周						

名字劃數 (上/下)

上/下	10	9	8	7	6	5	4	3	2
上/下	8/15	8/7	10/13	8/9	15/10	8/8	12/13	5/10	1/14
上/下	8/7	8/8	7/9	6/11	7/11	8/16	14/11	8/10	16/13
上/下	14/11	6/9	16/9	8/8	5/10	8/10	9/12	4/4	5/16
上/下	5/6	8/15	8/9	17/14	9/9	6/18	17/12	10/8	16/15
上/下	8/5	8/16	13/16	8/16	12/13	3/10	4/9	14/15	14/19
上/下	5/14	16/16	13/8	10/8	18/17	12/12			9/6
上/下		9/14	5/16		18/5				
上/下		12/12	21/8						

180

22	21	20	19	18	17	16	15	14	13	12	11	성姓 / 씨氏
蘇邊權		羅嚴	薛龐鄭	簡魏	韓蔣蔡鞠	陳都龍陰潘錢盧陸	葛郭劉魯慶	裵連趙愼	廉温琴楊賈	景異朝黄邵曾閔	許魚張康梁扈崔章胡范	姓氏

22	21	20	19	18	17	16	15	14	13	12	11	상/하 上/下
7		5	6	7	8	8	14	15	8	12	10	上
9		12	10	14	16	9	10	10	8	13	14	下
10		9	13	7	8	8	8	10	8	9	7	上 (名)
13		12	16	16	8	7	9	7	12	12	6	下
10		13			8	8	8	9	4	12	14	上 (名/字)
15		12			7	15	10	9	12	5	7	下
30					6	8	8	7	12	9	4	上 (字/劃)
3					12	13	8	11	12	4	14	下
					12	16	8	7			2	上 (劃/数)
					12	9	16	10			5	下
							6					上 (数)
							10					下
							6					上
							17					下

選名標準字

一劃
- 一 한일
- 乙 새을

二劃
- 二 두이
- 乃 이에내
- 人 사람인
- 入 들입
- 力 힘력
- 卜 점복
- 又 또우
- 丁 장정정

三劃
- 三 석삼
- 上 윗상
- 万 일만만
- 久 오래구
- 也 입기야
- 大 클대
- 女 계집녀
- 子 아들자
- 小 작을소
- 山 멧산
- 川 내천
- 千 일천천
- 凡 무릇범
- 夕 저녁석
- 土 흙토
- 士 선비사
- 己 몸기
- 干 방패간
- 工 공부공
- 弓 활궁

四劃
- 四 넉사
- 中 가운대중
- 丹 붉을단
- 云 이룰운
- 互 서로호
- 井 우물정
- 介 도울개
- 今 이제금
- 仁 어질인
- 允 믿을윤
- 元 으뜸원
- 內 안내
- 公 귀공
- 化 화할화
- 午 낮오
- 升 되승
- 友 벗우
- 文 글문
- 斗 말두
- 方 모방
- 日 날일
- 月 달월
- 木 나무목
- 水 물수
- 牛 소우
- 曰 이를왈
- 壬 북방임
- 太 클태
- 天 하늘천
- 夫 사아비부
- 少 젊을소
- 尹 선윤
- 巴 파초파
- 心 마음심

五劃
- 五 다섯오
- 丘 언덕구
- 且 또차
- 世 세상세
- 丙 남녁병
- 以 써이
- 仕 벼슬사
- 仙 신선선
- 充 찰충
- 出 날출
- 右 오른우
- 可 옳을가
- 古 녜고
- 司 맡을사
- 史 사기사
- 台 별태
- 召 부를소
- 外 바깥외
- 巨 클거
- 左 왼좌
- 平 평평할평
- 弘 클홍
- 必 반듯필
- 末 끝말
- 正 바를정
- 民 백성민
- 永 길영
- 玄 검을현
- 玉 구슬옥
- 生 날생
- 田 밭전
- 由 말미암을유
- 甲 갑옷갑
- 白 흰백
- 目 눈목

六劃

石 돌 석　立 설 림　北 북녘 북　主 임금 주

六 여섯 육　丞 도울 승　任 맡길 임　仲 버금 중　光 빛 광　先 먼서 선　全 온전 전　共 한가지 공

再 두번 재　吉 길할 길　向 향할 향　同 한가지 동　圭 홀 규　在 있을 재　地 따 지　多 많을 다

好 좋을 호　如 같을 여　宇 집 우　存 있을 존　安 편안 안　守 지킬 수　宅 집 택　州 고을 주　年 해 년

收 거둘 수　旭 해돋을 욱　早 일찍 조　有 있을 유　朱 붉을 주　次 버금 차　求 구할 구　汀 물가 정　灯 등불 등

牟 클 모　百 일백 백　竹 대 죽　羊 염소 양　老 늙을 로　考 생각할 고　而 말이을 이　臣 신하 신

自 스스로 자　至 이를 지　舟 배 주　行 갈 행　西 서녘 서　羽 깃 우

七劃

七 일곱 칠　串 꿸 판　亨 형통할 형　佑 도울 우　佐 도울 좌　作 지을 작　伯 맏 백　佛 부처 불

体 상여꾼 분　兌 별 태　兵 군사 병　沿 물따라내려갈 야　利 이로울 리　助 도울 조　君 임금 군　吾 나 오　均 고를 균

坂 언덕 판　壯 씩씩할 장　孝 효도 효　完 온전할 완　局 판 국　廷 조정 정　志 뜻 지　成 이룰 성

材 재목 재　村 마을 촌　杜 막을 두　江 물 강　汝 너 여　汐 석수 석　池 못 지　汎 뜰 범

低 넉넉 유　男 사내 남　秀 빼어날 수　究 궁리할 구　良 어질 량　言 말씀 언　谷 골 곡　辰 별 진

希 바랄 희

八劃

里 마을 리　豆 팥 두　甫 클 보　玧 옥소리 선

八 여덟 팔　事 일 사　享 드릴 향　京 서울 경　佳 아름다울 가　佶 바를 길　供 받들 공　使 하여금 사

來 올 래　其 그 기　具 갖출 구　典 법 전　制 제도 제　到 이를 도　卓 높을 탁　受 받을 수　叔 아재비 숙

八劃

和 화할 화 · 命 목숨 명 · 坤 따 곤 · 奇 기특할 기 · 奉 받들 봉 · 始 비로소 시 · 季 끝 계

周 두루 주 · 宜 마땅 의 · 宗 마루 종 · 宙 집 주 · 定 정할 정 · 尚 오히려 상 · 岸 언덕 안 · 岩 바위 암 · 易 쉬울 이

孟 맏 맹 · 官 벼슬 관 · 忠 충성 충 · 念 생각 념 · 新 새 신 · 承 이을 승 · 政 정사 정 · 林 수풀 림

幸 다행 행 · 庚 나이 경 · 昇 오를 승 · 昔 옛 석 · 明 밝을 명 · 旺 성할 왕 · 松 솔 송 · 東 동녘 동 · 門 문 문

昆 맏 곤 · 昌 창성 창 · 直 곧을 직 · 知 알 지 · 虎 범 호 · 金 쇠 금 · 長 길 장 · 雨 비 우

欣 기쁠 흔 · 牧 먹일 목

青 푸를 청

九劃

厚 두터울 후 · 阜 언덕 부 · 朋 벗 붕 · 岡 언덕 강

九 아홉 구 · 亮 밝을 량 · 信 믿을 신 · 俊 준걸 준 · 保 지킬 보 · 勉 힘쓸 면 · 勇 힘쓸 용 · 南 남녘 남

哉 비롯할 재 · 垠 지경 은 · 奎 별 규 · 姬 계집 희 · 妍 고을 연 · 宣 베풀 선 · 度 법도 도 · 思 생각 사 · 柏 측백 백 · 柱 기둥 주 · 柄 자루 병

性 품성 성 · 昶 빛날 창 · 春 봄 춘 · 星 별 성 · 昭 밝을 소 · 炳 빛날 병 · 相 서로 상 · 省 살필 성 · 香 향기 향

泳 헤엄칠 영 · 河 물 하 · 泉 우물 천 · 泰 클 태 · 治 다스릴 치 · 法 법 법

美 아름다울 미 · 致 이를 치 · 表 밭 표 · 貞 곧을 정 · 重 무거울 중 · 音 소리 음 · 飛 날 비

十劃

秋 가을 추 · 十 열 십 · 俱 함께 구 · 修 닦을 수 · 倫 인륜 륜 · 剛 굳셀 강 · 原 언덕 원 · 哲 밝을 철 · 城 재 성

夏 여름 하 · 鐵 쇠 철 · 家 집 가 · 宮 궁 궁 · 宰 재상 재 · 容 얼굴 용 · 峯 산봉우리 봉 · 恩 은혜 은 · 恭 공경 공

晃 밝을 황 · 書 글 서 · 時 때 시 · 桓 클 환 · 桂 계수나무 계 · 根 뿌리 근 · 活 살 활 · 洪 넓을 홍 · 洋 큰바다 양

洛 물이름 락 · 烘 빛날 홍 · 烈 매울 렬 · 珍 보배 진 · 玲 옥소리 령 · 益 더할 익 · 眞 참 진 · 祐 도울 우 · 崇 높을 숭

한자 오른쪽 세로 열부터 왼쪽으로

祚 복 조 · 素 본디 소 · 芝 지초 지 · 芳 꽃다울 방 · 芙 연꽃 부 · 貢 바칠 공 · 起 일어날 기 · 軒 마루 헌 · 馬 말 마

高 높을 고 · 訓 가르칠 훈 · 紋 문채 문 · 慶 공경 경

十一劃
乾 하늘 건 · 偉 클 위 · 健 튼튼할 건 · 富 넉넉할 부 · 風 바람 황 · 卿 벼슬 경 · 國 나라 국

基 터 기 · 堂 집 당 · 培 북돋을 배 · 寅 동방 인 · 常 떳떳할 상 · 庵 집 암 · 康 편안 강 · 啓 열 계

彬 빛날 빈 · 得 얻을 득 · 教 가르칠 교 · 救 구할 구 · 晨 새벽 신 · 晚 늦을 만 · 朗 밝을 랑 · 海 바다 해

浩 넓을 호 · 烽 봉화 봉 · 珠 구슬 주 · 祥 복 상 · 章 글 장 · 英 꽃부리 영

十二劃
傑 영걸 걸 · 勝 이길 승 · 喜 기쁠 희 · 善 착할 선 · 堯 요임금 요 · 堤 제 제 · 報 갚을 보 · 彌 도울 미

惠 은혜 혜 · 敦 도타울 돈 · 景 빛 경 · 晶 수정 정 · 晴 개일 청 · 智 지혜 지 · 普 넓을 보 · 曾 일찍 증 · 朝 아침 조

植 심을 식 · 棟 기둥 동 · 棒 막대 봉 · 淵 못 연 · 渭 물가 위 · 淑 맑을 숙 · 淳 순박할 순 · 淸 맑을 청 · 淨 깨끗할 정

然 그럴 연 · 爲 할 위 · 球 옥 구 · 現 나타날 현 · 琇 옥돌 수 · 理 이치 이 · 琉 유리 류 · 登 오를 등 · 發 필 발

晧 밝을 호 · 誠 성할 성 · 程 길 정 · 童 아이 동 · 絢 무늬 현 · 統 거느릴 통 · 翔 날 상 · 舜 순임금 순 · 草 풀 초

證 증거 증 · 詔 조서 조 · 賀 하례 하 · 貴 귀할 귀 · 軫 별 진 · 迪 갈 적 · 雄 수컷 웅 · 雅 맑을 아 · 順 순할 순

黃 누루 황 · 絡 걸락 락 · 凉 서늘 량 · 捧 받들 봉

十三劃
圓 둥글 원 · 園 동산 원 · 廉 맑을 렴 · 意 뜻 의 · 敬 공경 경 · 新 새 신 · 暉 빛날 휘 · 會 모을 회

業 엄 업 · 楫 돛대 집 · 楚 초나라 초 · 椿 참죽나무 춘 · 楊 버들 양 · 殿 집 전 · 溫 따스할 온 · 湖 물 호 · 湘 물이름 상

十四劃

渡 건널 도　熙 빛날 희　琳 옥 림　當 마땅 당　睦 화목할 목
禄 녹 록　經 날 경　義 옳을 의　聖 성인 성　裕 넉넉할 유　豊 예도 례

輝 빛날 휘　煌 빛날 황　煥 빛날 환　照 비칠 조
琴 거문고 금　琥 호박 호　琢 쫄 탁

載 실을 재　鉉 솥귀 현　鼎 솥 정　詠 부를 영　頌 칭송할 송　詮 법 전

嘉 아름다울 가　壽 목숨 수　夢 꿈 몽　實 열매 실　彰 밝을 창　慈 사랑 자　暢 화창할 창

榮 영화 영　源 근원 원　準 법도 준　溶 흐를 용　瑞 상서 서
碩 클 석　碧 옥돌 벽　福 복 복　箕 키 기　銀 은 은

綺 비단 기　綬 끈 수　華 빛날 화　誠 정성 성　赫 빛날 혁
連 이을 련　輔 도울 보　逢 만날 봉

鳳 새 봉　齊 가지런할 제

十五劃

樂 즐거울 락　儀 거동 의　增 더할 증　寬 너그러울 관　廣 넓을 광
德 큰 덕　慧 지혜 혜　慶 경사 경　暫 잠깐 잠

賢 어질 현　賞 상줄 상　輝 빛날 휘　逸 편안할 일
養 기를 양　漲 넘칠 창

樣 모양 양　漢 한나라 한　滿 가득할 만　範 법 범
羲 사람이름 희　興 일 흥　薰 향내 훈　萬 일만 만

十六劃

儒 선비 유　賞 상줄 상　輝 빛날 휘　增 더할 증
勳 공 훈　學 배울 학　憙 기쁠 희　憲 법 헌　樹 나무 수　潤 젖을 윤

潭 못 담　澄 맑을 징　燁 빛날 엽　憙 성할 희
穆 화목할 목　篤 도타울 독　翰 글 한　蓉 연꽃 용　運 나를 운

遠 멀 원　道 길 도　達 통달할 달　都 서울 도
錦 비단 금　錫 주석 석　陳 늘어설 진　靜 고요 정　頭 머리 두

十七劃

龍 용 룡　璃 구슬 리　壇 제터 단

應 응할 응　檀 박달나무 단　澤 못 택　燦 빛날 찬
禧 복 희　聲 소리 성　蓮 연 련　鍾 쇠북 종

第二節 궁합법 (宮合法)

一. 단식 궁합법 (單式 宮合法)

궁합(宮合)이란 남녀가 혼인(婚姻)하는 폐에 있어서 결합하여 운명(運命)이 좋은가

나쁜가를 보는 것이다 남녀가 좋은 배우자를 만나면 평생을 화락(和樂)하게 잘

살 수 있는 백년(百年)의 벗이고 잘못 만나면 불행한 비극(悲劇)과 불상사를 가져

오니 백년(百年)의 원수라 아니할 수 없다

(一) 납음(納音)으로 보는 법(法)

납음이란 자기의 생년육갑(生年六甲)에서 나오는 오행(五行)을 가지고 남녀가 상생

(相生)되는 것을 맞추어 보는 것이다 그러면 오행별(五行別) 상생(相生) 상극(相剋)을

알아야 할 것이니 다음 상생법(相生法)을 보라

金生水　水生木　木生火　火生土　土生金

다음으로 상극(相剋)을 말한다 상극(相剋)이 되면 모두 일이 이루어 지지 아니하고

부부(夫婦)가 이별(離別) 또는 불상사(不祥事)가 일어나는바 상극(相剋)도 역시 제 바뀌를

들기에 순환부절(循環不絶)이라 하다 다음 상극(相剋)을 보라

金克木　木克土　土克水　水克火　火克金

납음오행(納音五行)으로 궁합을 보는 법은 다음과 같다

궁합을 볼 남녀의 생년육갑(生年六甲)을 왼쪽 표에서 각각 찾아 그 생년육갑(生年

大甲)의 아래에 있는 오행(金木水火土)을 맞추어 해당되는 궁합의 해설을 본다

예(例)를 들면 임오년(壬午年)에 출생한 남자와 병술년(丙戌年)에 출생한 여자의 궁합

을 본다면 임오년의 납음오행은 양류목(楊柳木)이오 병술년의 납음오행은 옥상토(屋上

土)이다 이 궁합은 木土(또는 土木)이다

甲子 海中金	乙丑 海中金	甲戌 山頭火	乙亥 山頭火	甲申 泉中水	乙酉 泉中水	甲午 沙中金	乙未 沙中金	甲辰 覆燈火	乙巳 覆燈火
丙寅 爐中火	丁卯 爐中火	丙子 澗下水	丁丑 澗下水	丙戌 屋上土	丁亥 屋上土	丙申 山下火	丁酉 山下火	丙午 天下水	丁未 天下水
戊辰 大林木	己巳 大林木	戊寅 城頭土	己卯 城頭土	戊子 霹靂火	己丑 霹靂火	戊戌 平地木	己亥 平地木	戊申 大驛土	己酉 大驛土
庚午 路傍土	辛未 路傍土	庚辰 白蠟金	辛巳 白蠟金	庚寅 松柏木	辛卯 松柏木	庚子 壁上土	辛丑 壁上土	庚戌 釵釧金	辛亥 釵釧金
壬申 劍鋒金	癸酉 劍鋒金	壬午 楊柳木	癸未 楊柳木	壬辰 長流水	癸巳 長流水	壬寅 金箔金	癸卯 金箔金	壬子 桑柘木	癸丑 桑柘木

甲寅
乙卯　大溪水

丙辰
丁巳　沙中土

戊午
己未　天上火

庚申
辛酉　柘榴木

壬戌
癸亥　大海水

위에 해당(該當)되는 남녀(男女)가 서로 오행(五行)을 맞추어 상생(相生)되면 좋고 상극(相剋)되면 나쁘니 다음의 상생 상극별(相生 相剋別)로 해설(解說)을 고찰(考察)하라

金土　壽命長遠
　부부 해로하여 장수할 것이며 많은 자손을 두어 번창

土金　子孫昌盛
　하리라

金火　財散人離
　재물이 흩어지고 사람까지 떠나니 모든 일이 이루어지

火金　每事不成
　지 못하라

金水　五福俱全
　다섯 가지 복이 다 갖추어 졌으니 행복한 운수를 가

水金　幸運可知
　히 알게 되다

金木　金木相戰
　금과 나무가 서로 싸우게 되나 이별수가 자주 있게

木金　離別頻煩
　되다

金金　兩金有聲
　두 날금이 만나므로 소리가 나니 백 가지 일이 이루

金金　百事不成
　어지지 못하다

오행	한문	풀이
木火	家和人和	사람도 화합하고 집도 화라게 되니 금과 은이 창고에
火木	金銀滿堂	가득 찬다
木土	禍厄不絶	화와 액이 끊이지 아니하니 백가지 일이 막히는 것이
土木	百事多滯	많다
木水	向者有功	가는 곳마다 공이 있게 되니 부귀하고 안락하게
水木	富貴安樂	된다
木木	口舌不絶	구설수가 떠나지 아니하니 가난하고 궁할 날이 없다
水火	貪困之命	
大水	水火無緣	불이 인연 없으니 이별수가 있고 파산수가 있다
水土	離別破敗	
水土	夫妻不合	부부가 화합하지 못하니 자식이 없을수라 하겠다
土水	無子之數	
大水	夫婦和合	부부가 화합하게 되어 자손이 집안에 가득 찬다
水水	子孫滿堂	
大土	富傑貴來	부자에 겹쳐서 오니 영화가 끊이지 아니한다
土火	榮華不絶	

土土	火火
財帛盈箱	
子孫昌盛	兩火勢昌
子孫繁榮	子孫繁榮

재물과 바구니 상자에 가득하고 자손까지 창성하게 되리라

두 불의 세력이 창성하니 자손까지 번영하게 된다

위에 오행별(五行別)로 상생·상극(相生 相剋)을 논(論)하였으나 오행(五行)이 상극중(相剋中)에 상생(相生)이 있으나 상극중에도 묘리(妙理)가 있다 다음에 기재한 삼·즉중 상생의 묘(妙)를 이용하므로써 운명의 묘리(妙理)가 있음을 감파하게 된다

一 사중금(沙中金)과 검봉금(劍鋒金)은 너무나 강한 금이기에 나무 불이라도 불을 만나야 성공할 수 있다 (沙中 劍鋒金 逢火喜成形)

二 벽력화(霹靂火)와 천상화(天上火)는 너무나 강한 불이기에 물을 만나야만 복록(福祿)을 얻는다 (霹靂天上 山下火得水福祿)

三 평지목(平地木)은 강한 나무 이기에 금(金)을 만나야 영화(榮華)를 누릴 수 있다 (平地一秀林 無金不就榮)

四 천하수(天下水)와 대해수(大海水)는 강한 물이기에 흙을 만나야 자연히 행복이 온다 (天下水 大海水 過土自然亨)

五 노방도(路傍土)와 대역도(大驛土)와 사중도(沙中土)는 너무나 강한 흙이기에 목(木)을 만나야지 그렇지 못하면 평생을 그르친다 (路傍 大驛 沙中土 非木 誤平生)

(二) 합혼폐개법(合婚閉開法)

이 법은 여자에 한하여 쓰는 법인바 대개년(大開年)에 출가하면 재산이 날로 일어나고 자손도 창성(昌盛)하며 부부가 화합하고 백년해로(百年偕老)하게 되나 술다고 한다

반개년(半開年)에 출가하면 좋지도 않고 나쁘지도 아니한 평길운(平吉運)이니 모든 일이 중간선(中間線)에 있게 된다

폐개년(開開年)에 출가하면 부부가 이별하고 재산이 파손되고 질병이 그치지 아니하고 자식이 없으며 단명(短命)하고 모든 일이 중도(中途)에 좌절하며 불상사(不祥事)가 연생(連生)하게 된다

그러면 다음 표와 같이 개폐년(開閉年)을 설명한다

一 (生 여자의띠: 子 쥐띠·午 말띠·卯 토끼띠·酉 닭띠)			二 (生 여자의띠: 亥 돼지띠·巳 뱀띠·申 잔나비띠·寅 호랑이띠)			三 (生 여자의띠: 丑 소띠·未 양띠·辰 용띠·戌 개띠)		
大開	半開	閉開	大開	半開	閉開	大開	半開	閉開
一四才	一五才	一六才	一三才	一四才	一五才	一二才	一三才	一四才
一七才	一八才	一九才	一六才	一七才	一八才	一五才	一六才	一七才
二〇才	二一才	二二才	一九才	二〇才	二一才	一八才	一九才	二〇才
二三才	二四才	二五才	二二才	二三才	二四才	二一才	二二才	二三才
二六才	二七才	二八才	二五才	二六才	二七才	二四才	二五才	二六才
二九才	三〇才	三一才	二八才	二九才	三〇才	二七才	二八才	二九才

(三) 고과살 (孤寡殺)

생년(生年)끼리 대조하여 보는 바 이 살(殺)에 걸리면 부부가 생사이별수(生死離別數)가 있기에 고독하고 과부가 되느 고과살이라 부르는 것이다

(一) 돼지띠(亥) 쥐띠(子) 소띠(丑)를 가진 사람으로서 범띠(寅)와 만나면 고독살이 되고 개띠(戌)를 만나면 과부살이 되다

(亥子丑生 寅孤 戌寡殺)

범띠(寅) 토끼띠(卯) 용띠(辰)를 가진 사람으로서 뱀띠(巳)와 만나면 고독살이.

되고 소띠(丑)를 만나면 과부살이 되다 (寅卯辰生 巳孤 丑寡殺)

(三) 뱀띠(巳) 말띠(午) 양띠(未)를 가진 사람으로서 자나비띠(申)를 만나면 고독살이

되고 용띠(辰)를 만나면 과부살이 되다 (巳午未生 申孤 辰寡殺)

(四) 자나비띠(申) 닭띠(酉) 개띠(戌)를 가진 사람으로서 돼지띠(亥)를 만나면 고독

살이 되고 양띠(未)를 만나면 과부살이 되다 (申酉戌生 亥孤 未寡殺)

이 외에도 하늘이 밴 과부살이 있고 땅이 밴 과부살이 있으니 어느 달을 말할

것없이 토끼날(卯日)에 출생하거나 닭날(酉日)에 출생하면 이 살에 걸리니 이 날에

출생한 사람은 과부가 된다는 뜻이다 (每月 卯日 天寡殺 每月 酉日 地寡殺)

二. 혼삼재(婚三災)와 불혼법(不婚法)

(一) 혼삼재

혼삼재는 띠와 띠끼리 만나게 되면 혼삼재에 걸리게 되는 바 여기에 해당되면 부

부가 생사이별(生死離別) 하게 되고 가산(家産)에 패수(敗數)가 있으며 병액(病厄)으

로 교통을 반고 모두 일이 중도에 좌절하게 되다

호랑이띠(寅) 말띠(午) 개띠(戌)로 태어난 사람으로서 쥐띠(子) 소띠(丑) 호랑이띠(寅)

를 만나면 삼재가 되고

돼지띠(亥) 토끼띠(卯) 양띠(未)로 태어난 사람으로서 닭띠(酉) 개띠(戌) 돼지띠(亥)

를 만나면 삼재가 되고

뱀띠(巳) 닭띠(酉) 소띠(丑)로 태어난 사람으로서 토끼띠(卯) 용띠(辰) 뱀띠(巳)를

만나면 삼재가 되고

잔나비띠(申) 쥐띠(子) 용띠(辰)로 태어난 사람으로서 말띠(午) 양띠(未) 잔나비띠

(申)를 만나면 삼재가 된다

위에 말한 삼재에 걸리게 되면 불행하다는 것은 이미 설명하였으니 재론(再論)할

필요가 없다 아래에 한자(漢字)로서 간단하게 표시하니 참고하라

※ 寅午戌年生人은 子丑寅年生人을 忌한다

※ 亥卯未年生人은 酉戌亥年生人을 忌한다

※ 巳酉丑年生人은 卯辰巳年生人을 忌한다

※ 申子辰年生人은 午未申年生人을 忌한다

(二) 불혼법 (不婚 法)

이 불혼법은 충생한 달을 상대로 하여 궁합(宮合)을 보게 되는 바 여기에 해당

되면 부부가 이별하고 자손이 없거나 가난하거나 병액이 있거나 갖은 풍파가 일어

나기에 불행하게 되다는 것이다

正月生 남자는 大月生 여자와 혼인을 아니한다

二月生 남자는 三月生 여자와 혼인을 아니한다

三月生 남자는 九月生 여자와 혼인을 아니한다

四月生 남자는 正月 十月生 여자와 혼인을 아니한다

五月生 남자는 八月生 여자와 혼인을 아니한다

六月生 남자는 正月 七月生 여자와 혼인을 아니한다

七月生 남자는 十一月生 여자와 혼인을 아니한다

八月生 남자는 十二月生 여자와 혼인을 아니한다

九月生 남자는 十月生 여자와 혼인을 아니한다

十月生 남자는 正月 四月生 여자와 혼인을 아니한다

十一月生 남자는 二月 여자와 혼인을 아니한다

十二月生 남자는 五月生 여자와 혼인을 아니한다

第三節 택일법 (擇日法)

술객(術客)이라 하면 상식적으로 택일법(擇日法) 외에 기타 일체를 알아야 하기에

대략(大略) 몇 가지를 기입(記入)하니 참고 하시라

一 백기일 (百忌日)

백기일이란 뜻은 여기에 해당되는 날에 모든 일을 하면 좋지 않다는 것이니 일

상생활에 될 수 있는 한 이 날을 피하여 일을 처리하라 그러면 사용하는 법을 기

술(記述)하다

보는 법(法)은 그 날 일진(日辰)의 천간육갑(天干六甲)에 해당하는 간(干)의 뜻을 잘 알아야 한다

※ 甲不開倉 = 아무 날이든 일진(日辰)이 갑일(甲日)이면 창고(倉庫)에 물건을 출납시키

거나 개업(開業)을 하지 말라

※ 乙不栽植 = 일진이 乙일이면 화초나 초목 또는 모든 파종(播種)을 하지 말라

※ 丙不修竈 = 일진이 丙일일때 아궁이를 수리 하거나 구들을 고치고 집짓는 일을

하면 좋지 않다

※ 丁不削髮 = 일진이 丁일이면 이발을 하지 말라는 뜻이다

※ 戊不受田 = 일진이 戊일이면 논과 밭을 매매하지 말라는 뜻이다

※ 己不破券 = 일진이 己일이면 서책(書冊)이나 문서를 버리거나 찢지 말라

※ 庚不經絡 = 일진이 庚일이면 병원에 가서 수술을 하거나 침을 맞지 말라

※ 辛不合醬 = 일진이 辛일이면 장(醬)이나 술(酒)을 빚지 말라

※ 壬不決水 = 일진이 壬일이면 논이나 밭에 물을 대지말고 저수(貯水)를 하지 말라

※ 癸不訟事 = 일진이 癸일이면 고소 또는 송사 등을 하지 말라는 뜻이다

이상은 일진(日辰)천간(天干)을 가리켜 말한 것이다 다음은 일진 지지자(日辰地支字)를 가리켜 말함이니 해당되는 일지(日支)에는 모든 일을 하지 말라는 뜻이다

※ 子不問卜 = 일진이 자일(子日)이면 점(占)을 치지 말라

※ 丑不冠帶 = 일진이 축일(丑日)이면 장가가고 시집가는 과대 또는 의복을 만들지 말라

※ 寅不祭祀 = 일진이 寅일이면 기도(祈禱) 또는 푸닥거리 불공등에 관한 일을 하지말라

※ 卯不穿井 = 일진이 卯일이면 우물을 파지말고 수도를 놓거나 수리를 하지 말라

※ 辰不哭泣 = 일진이 辰日이면 혹 서러운 일이 있더라도 이날만은 울지 않아야 하다

※ 巳不遠行 = 일진이 巳일이면 먼 길을 떠나는 것이나 여행이나 이사를 하지 말라

※ 午不苫蓋 = 일진이 수일이면 지붕을 덮지 말며 사냥을 하지 말라는 뜻이다

※ 未不服藥 = 일진이 未일이면 약을 먹거나 입원을 하지 말라는 뜻이다

※ 申不安牀 = 일진이 申일이면 책상이나 침구(寢具)를 사들이지 말라는 뜻이다

※ 酉不會客 = 일진이 酉일이면 손님을 받아 들이지 말라는 뜻이니 잔치를 벌이지 말아야 한다

※ 戌不乞狗 = 일진이 戌일이면 개를 집에 들이지 말라

※ 亥不嫁娶 = 일진이 亥일이면 장가가고 시집가는 일을 하지 말라는 뜻이다

1. 생기(生氣) 맞추는 법(法)

남자(男子)는 一세를 이(离)에서 일으켜 다음 곤궁(坤宮)을 건너뛰어 태궁(兌宮)으로 가니 태궁(兌宮)이 二세가 되다 건궁(乾宮)이 三세 감(坎)이 四세 간(艮)이 五세 진(震)이 六세 손(巽)이 七세 이(离)가 八세 곤(坤)이 九세 태(兌)가 十세이다 다음은 순서(順序)대로 헤어산다

여자(女子)는 一세를 감(坎)에서 일으켜 二세가 건(乾) 三세가 태(兌) 四세가 곤坤 五세가 이(离) 六세가 손(巽) 七세가 진(震) 여기서 간(艮)을 건너 八세에 감(坎) 九세가 건(乾) 十세에 태(兌)로 역수(逆数) 한다 그러므로 남녀(男女)가 十세가 태(兌)가 됨이다 二十세는 한간씩 넘어가니 남자는 二十세가 감(坎)이오 三十세는 진

(震) 이렇게 헤어가고 여자는 二十세가 이(離) 三十세가 진(震) 이렇게 순역(順逆) 하는

법(法)이다 가령(假令) 남자가 四十세면 四十이라고 도표(圖表)에 써있으니 四十에서

시작하여 그 다음칸이 四十一세 그 다음칸이 四十二세로 되다

십수 이내(十數 以內)는 그냥 헤어가고 十세 二十세는 한 칸씩 건너가게 된다

그러하오니 연령(年令)은 소지방(所止方)에서 보라

가령(假令) 四十三세 남(男)이면 선궁(乾宮)이니 일진(日辰)이 자일(子日)이면 유

혼일(有魂日)이오 축일(丑日)이나 인일(寅日)이면 복덕일(福德日)이다

남녀(男女)가 이와 같으니 순역(順逆)을 잘 가리라

해 설 (解 說)

生氣(생기) 생기 복덕이 천이 福德(복덕) 天宜(천의) —— 大吉日(대길일) 대길일

歸魂(귀혼) 귀혼 유혼 절체 有魂(유혼) 絶體(절체) —— 平吉日(평길일) 평길일

禍害(화해) 화해 절명 絶命(絶命) —— 不吉日(불길일) 불길일

（丑寅）宮　艮

子 天宜　午 禍害
丑寅 歸魂　未申 生氣
卯 有魂　酉 絕體
辰巳 絕命　戌亥 福德

女40　男20
（子）宮　坎

子 歸魂　午 絕體
丑寅 天宜　未申 絕命
卯 福德　酉 禍害
辰巳 生氣　戌亥 有魂

（戌亥）宮　乾

子 有魂　午 絕命
丑寅 福德　未申 絕體
卯 天宜　酉 生氣
辰巳 禍害　戌亥 歸魂

女30　男30
（卯）宮　震

子 福德　午 生氣
丑寅 有魂　未申 禍害
卯 歸魂　酉 絕命
辰巳 絕體　戌亥 天宜

女10　男10
（酉）宮　兌

子 禍害　午 天宜
丑寅 絕體　未申 福德
卯 絕命　酉 歸魂
辰巳 有魂　戌亥 生氣

（辰巳）宮　巽

子 生氣　午 福德
丑寅 絕命　未申 天宜
卯 絕體　酉 有魂
辰巳 歸魂　戌亥 禍害

女20　男40
（午）宮　離

子 絕體　午 歸魂
丑寅 禍害　未申 有魂
卯 生氣　酉 天宜
辰巳 福德　戌亥 絕命

（未申）宮　坤

子 絕命　午 有魂
丑寅 生氣　未申 歸魂
卯 禍害　酉 福德
辰巳 天宜　戌亥 絕體

男女別 年令別로 보게되어 있으나 年令該當欄을 찾아보라 그 다음 그 方所의 吉凶解說을 읽으면 方所의 吉方 凶方이 나옴이다

解說

一、 天祿方은 財物이 생기고 官祿을 得한다

二、 眼損方은 눈이 멀고 損財한다

三、 食神方은 財物이 生하고 大吉하다

四、 徵破方은 敗財하며 盜難을 當한다

五、 五鬼方은 家宅이 不寧하고 疾病이 있다

六、 合食方은 富貴雙全하고 大吉하다

七、 親鬼方은 官災가 있고 不吉하다

八、 官印方은 官祿을 얻고 財數도있다

九、 退食方은 家庭不和가되며 敗財한다

다음 合의 年令表를 보라

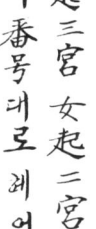

다음 移徙方所吉凶論
一覽表가 만들어진
吉凶의 經緯를 살
피면 다음과 같다

男子는 一歲에 起震
되며 二歲巽 三歲에

入中宮四歲乾 五歲
兌

女子之 一歲에 起坤하
여 二歲震 三歲巽
四歲入中 五歲乾 大
歲兌

男起三宮 女起二宮
하여 番号대로 레어
간다

男 16 25 34 43
52 61 70 79
女 17 26 35 44
53 62 71 80

男 13 22 31 40
49 58 57 76
女 14 23 32 41
50 59 63 77

男 10 19 28 37
46 55 64 73
女 11 20 29 38
41 56 65 74

男 17 26 35 44
53 62 71 80
女 18 27 36 45
54 63 72 81

男 14 23 32 41
50 59 68 77
女 15 24 33 42
51 60 69 78

男 11 20 29 38
47 56 65 74
女 12 21 30 39
48 57 66 75

男 18 27 36 45
54 63 72 81
女 19 28 37 46
55 64 73 82

男 15 24 33 42
51 60 69 78
女 16 25 34 43
52 61 70 79

男 12 21 30 39
48 57 66 75
女 13 22 31 40
49 58 67 76

204

3 大空亡日

이 날은 通用에 吉하다 然이나 祈禱(祭祀) 等에는 쓰이지 않는다

甲申 戊申 甲戌 甲午 壬子 壬寅 壬辰 癸卯 乙丑 乙亥 乙酉 日

4. 擇日法

合家 殺夫 知法

春三朔은 春節三個月間을 말함이니 봄 九十日間은 何日을 莫論하고 下記日字에 該當되면 殺夫日이 된다.

春三朔 甲子 丙寅日
秋三朔 庚子 辛丑日

夏三朔 丙子 丁丑日
冬三朔 壬子 癸丑日

5. 婚姻忌日

各殺日이다 不吉하나 그中에도 더 不吉함을 말함이다. 다음 各殺一覽表를 보라

月厭 厭對 男女本命日 禍害 絶命日 每月亥日 天賊 受死 月殺 日殺 月忌 月破 大凶

6. 婚姻總忌日

下에 該當하는 日字에 結婚하면 夫婦之間 生死離別이 있고 或 無子하거나 病苦하는 者가 많다

立春 立夏 立秋 立冬 春分 十惡 披麻 伏断 冬至 端午 四月八日

初四日 初三日 十二日 二十六日 二十八日 天空日 二十四日 地空日

7. 黃黑道日

月로써 날으로 본다 移徙·婚姻·成造·葬禮·祈禱 等 其他
에 關한 일에 다 이날을 쓴다 그중 黃道日은 吉하
고 黑道日은 凶하므로 不用한다. 上記圖表를 본다

黃黑道	青龍黃道	金櫃黃道	明堂黃道	天德黃道	天刑黑道	朱雀黑道	白虎黑道	玉堂黃道	天牢黑道	玄武黑道	司命黑道	勾陳黑道
一月·七月	子	辰	丑	巳	寅	卯	午	未	申	酉	戌	亥
二月·八月	寅	午	卯	未	辰	巳	申	酉	戌	亥	子	丑
三月·九月	辰	申	巳	酉	午	未	戌	亥	子	丑	寅	卯
四月·十月	午	戌	未	亥	申	酉	子	丑	寅	卯	辰	巳
五月·十一月	申	子	酉	丑	戌	亥	寅	卯	辰	巳	午	未
六月·十二月	戌	寅	亥	卯	子	丑	辰	巳	午	未	申	酉

8. 十三殺論

月로써 날으로 보며 婚姻·葬事에 본다 이에 걸리는
것은 不吉하므로 避함이 吉하다

十三殺 \ 月別	天殺	披麻	紅紗	受死	網羅	天賊	枯焦	歸忌	往亡	十惡	月厭	月殺	黃砂
一月	戌	子	申酉	戌	子	辰	辰	丑	寅	卯	戌	丑	午
二月	申	酉	辰巳	辰	申	酉	丑	寅	巳	寅	酉	戌	寅
三月	未	午	子丑	亥	巳	寅	戌	子	申	丑	申	未	子
四月	午	卯	申酉	巳	辰	未	未	丑	亥	子	未	辰	午
五月	巳	子	辰巳	子	戌	子	辰	寅	卯	巳	午	丑	寅
六月	辰	酉	子丑	午	亥	巳	丑	子	午	辰	巳	戌	子
七月	卯	午	申酉	丑	丑	戌	戌	丑	酉	卯	辰	未	午
八月	寅	卯	辰巳	未	申	卯	未	寅	子	寅	卯	辰	寅
九月	丑	子	子丑	寅	未	申	辰	子	辰	辰	寅	丑	子
十月	子	酉	申酉	申	寅	丑	丑	丑	未	卯	丑	戌	午
十一月	亥	午	辰巳	卯	卯	午	戌	寅	戌	丑	子	未	寅
十二月	酉	卯	子丑	酉	申	亥	未	子	丑	亥	亥	辰	子

이 월가길신에 해당하는 날은 만사(萬事)를 하는데에 길하다는 것이다

외편 표를 보라

月別 \ 吉神名	天德	月德	天德合	月德合	月空	月恩	月財	生氣	天醫
一	丁	丙	壬	辛	壬	丙	戌	戌	丑
二	申	甲	巳	己	庚	丁	辰	亥	寅
三	壬	壬	丁	丁	丙	庚	子	子	卯
四	辛	庚	丙	乙	甲	己	丑	丑	辰
五	亥	丙	寅	辛	壬	戊	寅	寅	巳
六	甲	甲	己	己	庚	辛	戌	卯	午
七	癸	壬	戊	丁	丙	壬	未	辰	未
八	寅	庚	亥	乙	甲	癸	戌	巳	申
九	丙	丙	辛	辛	壬	庚	辰	午	酉
十	乙	甲	庚	己	庚	乙	巳	未	戌
十一	巳	壬	乙	丁	丙	甲	卯	申	亥
十二	庚	庚	甲	乙	甲	辛	申	酉	子

月別 \ 吉神名	解神	五富	天赦神	皇恩大赦	要安日	萬通四吉	三合	三合	大合
一	申	亥	戌	戌	寅	午	午	戌	亥
二	申	巳	丑	丑	申	亥	未	亥	戌
三	戌	申	辰	寅	卯	申	申	子	酉
四	申	亥	未	巳	酉	丑	酉	丑	申
五	巳	寅	戌	酉	辰	戌	戌	寅	未
六	申	巳	丑	卯	戌	卯	亥	卯	午
七	亥	申	辰	子	巳	子	子	辰	巳
八	寅	亥	未	午	亥	巳	丑	巳	辰
九	辰	寅	戌	亥	午	寅	寅	午	卯
十	巳	辰	丑	辰	子	未	卯	未	寅
十一	午	巳	辰	巳	未	辰	辰	申	丑
十二	午	午	未	未	丑	酉	巳	酉	子

○ 天貴星 四相星

季節	月別	日辰
春	正二三月	甲乙丙丁 日
夏	四, 五, 六月	丙丁戊己 日
秋	七八九月	庚辛壬癸 日
冬	十, 十一, 十二月	壬癸甲乙 日

◎ 時德星

季節	月別	日辰	季節	月別	日辰
春	一二三月	午日	夏	四五六月	辰日
秋	七八九月	子日	冬	十十一十二月	寅日

三. 월가흉신법 (月家 凶神法)

월가흉신성은 달(月)로써 보는데 그 달에 그 일진을 만나면 모두 일을 하는데에 불길(不吉)하다 그러므로 가급적 이 날을 피하여 처리하는 것이 좋다

月家凶神 \ 月日辰別	一	二	三	四	五	六	七	八	九	十	十一	十二
天罡	巳	子	未	寅	酉	辰	亥	午	丑	申	卯	戌
河魁	亥	午	丑	申	卯	戌	巳	子	未	寅	辰	寅
地破	亥	子	丑	寅	卯	辰	巳	午	未	申	酉	戌
羅綱	子	申	巳	辰	戌	亥	丑	申	未	子	卯	申
滅没	丑	子	亥	戌	酉	申	未	午	巳	辰	卯	寅
重喪	甲	乙	己	丙	丁	己	庚	辛	己	壬	癸	己
天狗	子	丑	寅	卯	辰	巳	午	未	申	酉	戌	亥

四. 십악대패일 (十惡大敗日)

십악대패일(十惡大敗日)이라 하는 것은 그 해에 그 달의
상대로하여 보게 되는마 그 달 그 날에 무슨 일이든 하면 좋지 아니하다는
것이다

즉 갑년(甲年)이나 기년(己年) 三월달 무술일(戊戌日)에 무슨 일이든 하게되면 대패(大
敗)하게 된다는 것이다

年	月	日辰	年	月	日辰
甲己	三	戊戌	乙庚	九	乙巳
甲己	七	癸亥	丙辛	三	辛巳
甲己	十	丙申	丙辛	九	庚辰
甲己	十一	辛亥	丁壬	無	忌
乙庚	四	壬申	戊癸	六	己丑

五. 복단일 (伏斷日)

복단일이란 그 일진에 二十八宿 별을 상대(相對)로 한 것이구 예(例)건데 무슨 子
일 이든 子日에 허숙(虛宿)을 만나면 이에 해당하다

子日——허숙(虛宿)

丑日——두숙(斗宿)

寅日——실숙(室宿)

卯日——여수(女宿)　　　　辰日——기수(箕宿)　　　　巳日——방수(房宿)

午日——각수(角宿)　　　　未日——장수(張宿)　　　　申日——귀수(鬼宿)

酉日——자수(觜宿)　　　　戌日——위수(胃宿)　　　　亥日——벽수(壁宿)

六、왕 망 일 (往 亡 日)

왕망일이란 출행(出行)을 하면 불상사(不祥事)가 생기기에 이 날에는 출행을 말

라는 것이다.

立春後　七日　　　　驚蟄後　十四日　　　　清明後　二十一日　　　　立夏後　八日

芒種後　十六日　　　小暑後　二十四日　　　立秋後　九日　　　　白露後　十八日

寒露後　二十七日　　立冬後　十日　　　　大雪後　三十日　　　小寒後　三十日

七、천상 천하 대공망일 (天上天下 大空亡日)

천상 천하 대공망일은 천지가 공(空)맞은 날이니 모든 일을 하여도 아무 탈이 없으니 좋다 그러나 불공 제사에는 이 날을 택하지 아니하여야 한다 이것을 제외 하고는 무엇이든 하면 좋다

甲戌日　甲申日　甲午日　乙丑日　乙亥日　乙酉日　壬辰日　壬寅日

壬子日　癸未日　癸巳日　癸卯日

八. 천룡 지아일 (天聾 地啞日)

천룡 지아일이란 하늘과 땅이 무슨 일을 하여도 탈을 잡지 않으니 날이나 모든

일을 하여도 좋다는 것이다

乙丑日　乙未日　丙寅日　丙子日　丙申日　丙辰日　丁卯日　戊辰日　己卯日

己亥日　庚子日　辛巳日　辛丑日　辛亥日　辛酉日　壬子日　癸丑日

九. 천지개공일 (天地皆空日)

戊戌日　己亥日　庚子日　庚申

하늘과 땅이 모두 공을 맞았으니 이날에 무엇을 하여도 아무 탈이 없다

十. 살부대기월 (殺夫大忌月)

그 달에 시집가면 상부(喪夫)를 하게 되므로 이런 달에는 결혼을 하지 말라는

것이다

쥐띠(子年生)인 여자는 二월에 혼인을 아니한다

소띠(丑年生)인 여자는 四월에 혼인을 아니한다

호랑이띠 (寅年生) 여자는 七월에 혼인을 아니한다

도끼띠 (卯年生) 여자는 十二월에 혼인을 아니한다

용띠 (辰年生) 여자는 四월에 혼인을 아니한다

뱀띠 (巳年生) 여자는 五월에 혼인을 아니한다

말띠 (午年生) 여자는 八월과 十二월에 혼인을 아니한다

양띠 (未年生) 여자는 六월과 七월에 혼인을 아니한다

잔나비띠 (申年生) 여자는 六월과 七월에 혼인을 아니한다

닭띠 (酉年生) 여자는 八월에 혼인을 아니한다

개띠 (戌年生) 여자는 十二월에 혼인을 아니한다

돼지띠 (亥年生) 여자는 七월과 八월에 혼인을 아니한다

十一. 남혼흉년 (男婚凶年)

남자는 여자를 년(年)을 상대하여 보게 되는 바 그 해에는 결혼을 하지 말라는 것이다.

쥐띠 (子年生) 남자는 미년 (未年) 에 혼인을 아니한다

소띠 (丑年生) 남자는 신년 (申年) 에 혼인을 아니한다

호랑이띠 (寅年生) 남자는 유년 (酉年) 에 혼인을 아니한다

도끼띠 (卯年生) 남자는 술년 (戌年) 에 혼인을 아니한다

용띠 (辰年生) 남자는 해년 (亥年) 에 혼인을 아니한다

뱀띠 (巳年生) 남자는 자년 (子年) 에 혼인을 아니한다

말띠 (午年生) 남자는 축년 (丑年) 에 혼인을 아니한다

양띠 (未年生) 남자는 인년 (寅年) 에 혼인을 아니한다

잔나비띠 (申年生) 남자는 묘년 (卯年) 에 혼인을 아니한다

닭띠 (酉年生) 남자는 진년 (辰年) 에 혼인을 아니한다

개띠 (戌年生) 남자는 사년 (巳年) 에 혼인을 아니한다

돼지띠 (亥年生) 남자는 오년 (午年) 에 혼인을 아니한다

十二, 여혼흉년 (女婚凶年)

해를 상대로하여 보게되는 바 여자가 그 해에 결혼을 하면 부부간 (夫婦間) 에 불

행이 오게되므로 가급적 (可及的) 피하는 것이 좋다

쥐띠 (子年生) 여자는 묘년 (卯年) 에 혼인하면 좋지 아니하다

소띠 (丑年生) 여자는 인년 (寅年) 에 혼인을 아니한다

호랑이띠 (寅年生) 여자는 축년(丑年)에 혼인을 아니한다

토끼띠 (卯年生) 여자는 자년(子年)에 혼인을 아니한다

용띠 (辰年生) 여자는 해년(亥年)에 혼인을 아니한다

뱀띠 (巳年生) 여자는 술년(戌年)에 혼인을 아니한다

말띠 (午年生) 여자는 유년(酉年)에 혼인을 아니한다

양띠 (未年生) 여자는 신년(申年)에 혼인을 아니한다

잔나비띠 (申年生) 여자는 미년(未年)에 혼인을 아니한다

닭띠 (酉年生) 여자는 오년(午年)에 혼인을 아니한다

개띠 (戌年生) 여자는 사년(巳年)에 혼인을 아니한다

돼지띠 (亥年生) 여자는 진년(辰年)에 혼인을 아니한다

十三. 축 음양불장길 (逐陰陽不將吉)

달을 상대로 하여 일진(日辰)과 맞추어 보게 된다 그런데 이 날은 각살(各殺)이 자멸(自滅)되므로 쓰면 좋다는 것이다

正月 …… 丙寅日 庚寅日 丁卯日 辛卯日 戊寅日 丁丑日 乙丑日 己卯日 丙子日 戊子日 庚子日

二月......丙子日　丙戌日　丙寅日　庚子日　庚戌日　庚寅日　戊子日　戊戌日

三月......丙戌日　甲子日　甲戌日　乙丑日　乙酉日　丁丑日　己丑日　己酉日

四月......甲子日　甲戌日　甲申日　丙子日　丙申日　丙戌日　戊子日　戊申日　戊戌日

五月......甲戌日　丁酉日　乙酉日　丙申日　戊申日　戊戌日　癸酉日

六月......甲申日　甲午日　辛巳日　辛未日　壬辰日　壬午日　壬申日　癸巳日　癸未日　癸酉日

七月......甲午日　甲申日　乙巳日　乙未日　乙酉日　壬午日　壬申日　癸巳日　癸未日　癸酉日

八月......甲辰日　甲午日　甲申日　辛巳日　辛未日　壬辰日　壬午日　壬申日　癸卯日　癸巳日　癸未日

九月......庚辰日　庚午日　辛卯日　辛巳日　辛未日　壬辰日　壬午日　癸卯日　癸巳日

十月......庚寅日　庚辰日　辛卯日　辛巳日　壬寅日　壬辰日　壬午日　癸卯日　癸巳日

十一月......庚寅日　庚辰日　辛丑日　辛卯日　辛巳日　丁卯日　丁丑日　丁巳日　己丑日　壬寅日

十二月......丁卯日　丁丑日　己卯日　己丑日　丙子日　丙寅日　丙辰日　戊子日　戊寅日　戊辰日　辛卯日　辛酉日

乙丑日
己卯日

十四. 왕녀소재방 (王女所在方)

왕녀소재방으로 신부(新婦)가 앉으면 살(殺)을 만나게 되니 이 방위로 앉지 말라

春 一、二、三月 寅卯辰 (東方)　　夏 四、五、六月 巳午未 (南方)

秋 七、八、九月 申酉戌 (西方)　　冬 十、十一、十二月 亥子丑 (北方)

十五. 좌향법 (坐向法)

신부(新婦)가 시가(媤家)에 처음으로 가서 앉을 때 일진(日辰)에 따라 앉으면 좋다는 것이다 이는 어느달이나 모두 같다

乙庚日에는 西北向　　丙辛日에는 西南向　　丁壬日에는 正南向　　戊癸日에는 東南向

十六. 출행일 (出行日)

이 날에 출행(出行)하면 아무 사고가 없다는 것인데 일진(日辰)은 다음과 같다

甲子　乙丑　丙寅　丁卯　戊辰　庚午　辛未　甲戌　乙亥　丁丑　己卯

甲申　丙戌　己丑　庚寅　辛卯　甲午　乙未　庚子　辛丑　壬寅　癸卯

丙午　丁未　己酉　壬子　癸丑　甲寅　乙卯　庚申　辛酉　壬戌　癸亥

十七. 인동일 (人動日)

이 인동일에 사람을 데려오면 가정(家庭)에 풍파(風破)가 있게 되니 가급적

（可及的）이 날을 피（避）함이 좋다는 것이다

매월（每月） 一日 三日 八日 十三日 十八日 二十三日 二十四日

十八. 월살방（月殺方）

여기에 해당（該當）되는 달에는 이사를 아니하라는 것이다 만일 이사를 하게 되면

모두 불상사가 있게 되다는 것이다

一五九月 東北間方 二六十月 西北間方

三七十一月 西南間方 四八十二月 東方

十九. 제사길일（祭祀吉日）

이 일진（日辰）에 기도나 제사를 지내면 길하다는 것이다 다음을 참고하라

甲子 乙丑 丁卯 戊辰 辛未 壬申 癸酉 甲戌 丁丑 己卯 庚辰 壬午

甲申 乙酉 丙戌 丁亥 己丑 辛卯 甲午 乙未 丙申 丁酉 乙巳 丙午

丁未 戊申 丁酉 庚戌 乙卯 丙辰 丁巳 戊午 己未 辛酉 癸亥

二十. 천구하식시（天狗下食時）

이 시간에 모두 제사를 지내게 되면 천구가 와서 먹으므로 제사를 이 시간에

지내지 말라는 것이다

子日 亥時　　丑日 子時　　寅日 丑時　　卯日 寅時　　辰日 卯時
巳日 辰時　　午日 巳時　　未日 午時　　申日 未時　　酉日 申時
戌日 酉時　　亥日 戌時

二十一、기복일 (祈福日)

이 날에 기복(祈福)을 하면 만사형통(萬事亨通)하다는 것이다 일진(日辰)은 다음과 같다

乙未　壬申　甲子
丁酉　乙亥　乙酉
壬子　丙子　乙卯
甲辰　丁丑　丙戌
戊申　壬午　庚戌
乙卯　癸未　辛卯
丙辰　丁亥　壬申
戊午　己丑　甲申
壬戌　辛卯
癸亥　壬辰
　　　甲午

二十二、산제길일 (山祭吉日)

이 날에 산제를 지내면 백사대길 (百事大吉) 하다는 날이다 일진은 다음과 같다

二十三、불공길일 (佛供吉日)

이 날에 불공(佛供)을 들이면 백사대길 (百事大吉) 하게 된다 일진 (日辰) 은 다음과 같다

甲子　甲戌　甲午　甲寅　乙丑　丙寅　丙申

丁未　戊寅　戊子　己丑　庚午　辛卯　辛酉　癸酉

二十四、용황제일 (龍皇祭日)

이 날에 용황제를 지내면, 백사(百事)가 대통(大通)하게 되니 일진은 다음과 같다

庚午　辛未　壬申　癸酉　甲戌　庚子　辛酉

二十五、산신하강일 (山神下降日)

이 날 산제(山祭)를 지내면 산신이 오와주므로 백사원통(百事亨通)하게 되라

일진(日辰)은 다음과 같다

甲子　甲戌　甲午　甲寅　乙丑　乙亥　乙卯　丁亥　戊辰

己巳　己酉　庚辰　辛卯　辛亥　壬寅　癸卯　丁卯

二十六、안장길일 (安葬吉日)

이날에 장사를 지내면 모두 살이 제거 되므로 좋다는 것이다 본수 범(法)은 달

에 일신(日辰)을 기준으로 하게 되니 다음을 보라

正月　癸酉　丁酉　乙酉　辛酉　己酉　丙寅　壬午　丙午

二月　丙寅　壬申　甲申　庚寅　丙申　庚寅　己未　庚申

三月　壬申　甲申　丙申　癸酉　乙酉　丁酉　壬寅　丙午　壬午

四月　乙酉　己酉　丁酉　癸酉　辛酉　壬午　乙丑　庚午　丁丑　己丑

五月　甲午　丙申　庚申　壬申　甲寅　庚寅　壬寅　辛未　甲戌　庚辰

六月　甲辰　癸酉　乙酉　辛酉　壬申　庚申　丙申　甲寅　庚寅

七月　辛酉　癸酉　乙酉　丁酉　己酉　壬申　丙子　壬午　甲申　丙辰

八月　壬子　壬辰　丙申　庚申　壬寅　壬辰　乙巳　丙辰　丁巳

九月　壬午　丙午　丙寅　庚寅　壬寅　庚午　甲戌　戊午　辛亥

十月 丙子 甲辰 丙辰 壬午 庚午 壬辰 甲子

十一月 庚寅 辛未 癸酉 甲午 乙未 壬寅 甲寅 壬申 甲辰 壬子

十二月 庚寅 壬申 甲寅 甲申 癸酉 甲申 丙申 乙酉 丙寅 戊寅 庚申 壬子

二十七 정초일 (定礎日)

이 날에 주춧돌을 놓거나 기공식 (起工式)을 하면 좋으는 것이다 일진 (日辰)은

다음과 같다

甲子 丙寅 壬午 己亥 丙辰
乙丑 己巳 癸未 庚子 丁巳
丙寅 庚午 甲申 壬寅 己未
丁卯 辛未 丁亥 癸卯 庚申
己巳 甲戌 戊子 丙午 辛酉
庚午 乙亥 己丑 戊申
辛未 戊寅 庚寅 己酉
甲戌 己卯 癸巳 壬子
乙亥 辛巳 乙未 癸丑
　　　 丁酉 甲寅
　　　 戊戌 乙卯

二十八 수주길일 (竪柱吉日)

집을 짓는데 이 날에 기둥을 새우면 좋으는 것이니 이 일진 (日辰)을 가려 쓰라

221

己巳 乙亥 己卯 甲申
癸卯 乙巳 戊申 己酉 壬子

二十九 상량길일 (上樑吉日)

이 날에 상량을 하면 백년(百年)이나 대길(大吉)하다는 날이니 이 일진(日辰)을 사용하는 것이 좋다 다음을 보라

乙酉 戊子 己丑 庚寅
乙未 己亥 辛丑
庚申 壬戌 丙寅 辛巳
己未 辛酉 癸亥
甲子 乙丑 丁卯 戊辰 己巳 庚午 辛未 壬申 甲戌 丙子
丁丑 己卯 庚辰 壬午 甲申 乙酉 丙戌 戊子 己丑 庚寅
辛卯 甲午 乙未 丙申 丁酉 戊戌 己亥 庚子 辛丑 壬寅
癸卯 乙巳 丁未 戊申 己酉 辛亥 壬子 癸丑 乙卯 丙辰 丁巳

三十 개옥길일 (蓋屋吉日)

이 날에 지붕을 이면 좋다는 날이다 이 일진을 사용하라

甲子 丁卯 戊辰 己巳 辛未 壬申 癸酉 乙亥 丁丑 己卯 庚辰
癸未 甲申 乙酉 丙戌 戊子 庚寅 癸巳 乙未 丁酉 己亥 辛丑
壬寅 癸卯 甲辰 乙巳 戊申 己酉 庚戌 辛亥 癸丑 乙卯 丙辰

三十一、조장길일 (造醬吉日)

이 날에 간장을 담그면 장맛이 좋다는 날이다 다음 일진(日辰)을 참고하라

丁卯日　丙寅日　丙午日

三十二、수조 동토일 (修造 動土日)

이 날에 집을 수리하거나 돌과 흙을 다루더라도 아무 탈이 없다는 날이다 다음 일진(日辰)을 참고하라

辛酉
甲子　癸酉　戊寅　己卯　庚辰　辛巳　甲申　丙戌　戊戌
己亥　庚子　甲辰　丙午　丁未　癸丑　戊午　庚午　辛未　丙申　丙辰　丁巳

三十三、선행일 (船行日)

이 날에 배가 떠나게 되면 풍랑을 만나지 아니하고 무사하게 되는 날이니 다음 일진을 사용하라

乙丑　丙寅　丁卯　戊辰　丁丑　戊寅　壬午　乙酉　辛卯　甲午　乙未

庚子　辛丑　丙辰　戊午　己未　辛酉

三十四、멸망일 (滅亡日)

이 날에 무슨 일이든 시작하면 멸망하게 되는 날이나 가급적 (可及的) 이 날을

피하는 것이 좋다는 것이다

正、五、九月　丑日

二、六、十月　辰日

三、七、十一月　末日

四、八、十二月　戌日

三十五 입권 교역 (立券 交易)

이 날에 문서(文書)를 주고 받으면 불길(不吉)하게 되다는 날이니 이 날에 일을

하면 장래에 송사가 일어나게 되다 다음 일진을 보라

辛酉

甲子　辛未　甲戌　丙子　丁丑　庚辰　辛巳　壬午　癸未　甲申　辛卯

壬辰　癸巳　乙未　庚子　癸卯　丁未　戊申　壬子　甲寅　乙卯　乙未

三十六 벌목일 (伐木日)

이 날에 벌목을 하면 아무 탈이 없다는 날이니 다음 일진을 참고하라

己巳　庚午　辛未　壬申　甲戌　乙亥　戊寅　己卯　壬午　甲申　乙酉

戊子　甲午　乙未　丙申　壬寅　丙午　丁未　戊申　己酉　甲寅　乙卯

己未　庚申　辛酉

三十七　삼재 (三災) 드는법 (法)

이생(人生)은 十년마다 누구나 삼재(三災)를 겪게 된다 그러나 사주(四柱)에 대운(大運)

이 좋을 때는 무사(無事)하게 지나가나 대운(大運)이 불길(不吉)할 때에는 온갖 파란

이 오게 된다 자기(自己)의 띠로써 닥아오는 해와 대조하여 보는 것이다

巳、酉、丑 年生은 亥子丑年에 三災가 들고

亥卯未 年生은 巳午未年에 삼재가 들고

申子辰年生은 寅卯辰年에 삼재가 들고

寅午戌 年生은 申酉戌年에 삼재가 든다

삼재가 드는 사람은 위의 부적을 입춘(立春)일에 진

짜 경면주사를 써서 一년간 가지고 있다가 다음해 입춘

이 되는날 새것으로 갈아 가지는 것이니 三년간을 계속

갈아 가지면 모든 액이 제거 된다

三十八　수제일 (水祭日)

이 날에 수제를 지내면 백사 마사(百事 萬事)가 대통(大通)하다는 날이니 다음

일진(日辰)을 사용하라

庚午　辛未　壬申　癸酉　甲戌　庚子　辛酉

三十九、태백살(太白殺)

이 살은 이사를 가거나 여행을 하거나 무슨 물선을 가져 오거나 사람을 더려 오더라도 이 살에 걸리는 방위(方位)로 오면 불길(不吉)하다는 것이다.

다음을 참고하라

一、十一、二十一 日 正東

二、十二、二十二 日 東南間

三、十三、二十三 日 正南

四、十四、二十四 日 西南間

五、十五、二十五 日 正西

六、十六、二十六 日 西北間

七、十七、二十七 日 正北

八、十八、二十八 日 東北間

九、十九、二十九、三十日에는 아무데도 살이 없다

四十 二十八宿 길흉론(二十八宿吉凶論)

역서(曆書)에 순서별(順序別) 일진(日辰)에 명기(明記)되어 있는 바 별에 따라 길흉(吉凶)이 있으니 다음을 보라

星名	曜日	吉凶解說
각(角)	木曜日	성조(成造) 혼인(婚姻) 장사 수리등에 길하다
항(亢)	金曜日	제사불의(諸事不宜)
저(氐)	土曜日	성조 혼인은 좋고 장사 수리는 불길함
방(房)	日曜日	장사 수리 불길 기타는 대길(大吉)함
심(心)	月曜日	모든 일에 다 흉하다
미(尾)	火曜日	수리(修理), 장사(葬事) 혼인(婚姻) 출행(出行)에 대길하다
기(箕)	水曜日	기조(起造) 수리 기타 만사에 길함
두(斗)	木曜日	수리 장사 혼인 출행에 대길함
우(牛)	金曜日	모든 일을 하면 다 불길함
여(女)	土曜日	집짓기 수리 개조등에 불길함
허(虛)	日曜日	만사가 다 좋으나 장사 지내면 흉함
위(危)	月曜日	만사가 다 좋으나 장사 지내면 흉함
실(室)	火曜日	만사가 다 좋으나 장사 지내면 흉함

진(軫)	익(翼)	장(張)	성(星)	유(柳)	귀(鬼)	정(井)	참(參)	자(觜)	필(畢)	모(昴)	위(胃)	루(婁)	규(奎)	벽(壁)
水曜日	火曜日	月曜日	日曜日	土曜日	金曜日	木曜日	水曜日	火曜日	月曜日	日曜日	土曜日	金曜日	木曜日	水曜日
기조 매장 출행 조선(造船) 등에 길함	매장 수리 등에 흉함	기조 매장 혼인 출행 상과에 대길함	수리 개조 등에 실함	기조 매장하는 데에 흉하다	매장하는 데에는 길하고 집짓는데는 흉함	모든 일이 다 흉하나 매장 하는데는 길함	모든 일이 다 흉하나 매장 하는데는 길함	모든 일이 다 흉하나 매장 하는데는 길함	기조 매장 혼인에 실함	매장 혼인 개문에는 흉하나 집짓는 데에는 길함	기조 매장 혼인에 대길함	기조 매장 혼인에 대길함	매장 혼인 개문 방수에도 길함	집짓기 장사 지붜고 개문(開門) 물을 떠는데에 대길함

◎ 建除十二神 吉凶

건(建) 출행·상장(上章) 입학(入學) 관대(冠帶) 구인(求人) 견귀인(見貴人) 수조(修造) 동토(動土) 혼인(婚姻) 벌초(伐草) 매장에 길함

제(除) 안택(安宅) 출행(出行) 제사(祭祀) 문서교환(文書交換) 치병(治病) 종목(種木) 구관(求官) 금전출납(金錢出納) 이사(移徙)에 대길(大吉)함

만(滿) 제사 납노(納奴) 접목(接木) 재의(裁衣)에 길(吉)하고 동토(動土) 입주(立柱) 이사(移徙)에 불길함

평(平) 개기(開基) 거조(建造) 치도(治道) 제사(祭祀)에 모두 길하나 파종(播種) 재의(裁衣) 벌초(伐草) 파토(破土)에는 불길함

정(定) 제사(祭祀) 혼인(婚姻) 입주(立柱) 매장에 길하나 재의(裁衣) 납축(納畜) 출행(出行) 송사(訟事)에는 불길함

집(執) 제사 상장(上章) 혼인(婚姻) 입권(立券) 수조(修造)에 길하나 매장(埋葬) 이사(移徙) 입택(入宅) 출행(出行)에 불길함

파(破) 치병(治病) 파옥(破屋) 벌초(伐草) 파토(破土) 동토(動土)는 길하나 안장(安

(葬)	이사(移徙) 출행(出行) 진인(進人) 혼인(婚姻)에 불길함
위(危)	제사(祭祀) 혼인(婚姻) 입권(立券) 수조(修造)에는 길하나 입산(入山) 수렵(狩獵) 출행(出行) 어렵(漁獵)에는 불길함
성(成)	제사(祭祀) 상장(上章) 혼인(婚姻) 안택(安宅) 수조(修造)에는 길하나 이사(移徙) 접목(接木) 송사(訟事)에는 불길함
수(收)	수렵(狩獵) 납축(納畜) 진노(進奴) 납채(納采)는 길하나 혼인(婚姻) 제사(祭祀) 입학(入學) 종수(種樹)는 불길함
개(開)	제사(祭祀) 안택(安宅) 혼인(婚姻) 수조(堅造) 천정(穿井)에는 길하고 출행(出行) 입권(立券)에는 불길함
폐(閉)	제사(祭祀) 매장(埋葬) 입권(立券) 접목(接木)에는 길하고 출행(出行) 이사(移徙) 수조(修造)에는 불길함

四一 흑두법(黑頭法)

이해에 방 구들을 고치거나 수리하게 되면 인구(人口)가 소실(損失)하게 되니 주의하여야 한다.

子午卯酉年에는 七월이오 寅申巳亥年에는 正, 十월이오

辰戌丑未年에는 四월이라 한다

四十二. 금루 사각법 (金樓 四角法)

이 법(法)은 새로 집을 지을 때를 보는 것이다 一, 三, 七, 九 기수(奇數) 나이
에 집을 지으면 길하고 二, 四, 五, 六, 八, 十 세(歲)에 집을 지으면 불길 하라는
거이다 이 중에서도 五歲는 숫자(數字)의 중앙이나 이를 잠사각(蠶四角)이라 하거나
누에는 집을 지으면 죽으서 사람도 이와 같이 五세에 집을 지으면 사망 하거나
三년내에 변이 오게 된다

二歲는 건부사각(乾父四角)이나 이 해에 집을 지으면 부친(父親)이 사망 하고
四五歲는 잠사각(蠶四角)이나 이 해에 집을 지으면 자신이 三년간에 사망하고
大歲는 신처사각(艮妻四角)이나 이 해에 집을 지으면 처(妻)가 사망 하고
八歲는 손자사각(巽子四角)이나 이 해에 집을 지으면 자손(子孫)이 사망하고
十歲는 곤모사각(坤母四角)이나 이 해에 집을 지으면 모친(母親)이 사망한다

一、 三、 九、 十二、 十七、 十九、 二十一、 二十三、 二十七、 二十九、 三十一、 三十三、 三十七、 三十九、

四十三、四十七、四十九、五十二、五十三、五十七、六十一、六十三、六十七、六十九歲

이상(以上)의 나이에 집을 지으면 재수(財數)가 대통(大通)하고 만사(萬事)가 형통

(亨通)하다

二、四、五、六、八、十、十二、十四、十五、十六、十八、二十、二十二、二十四、二十五、二十八、

三十、三十二、三十四、三十五、三十六、三十八、四十、四十五、四十六、四十八、五十、五十二、五十四、五十五、五十六、

五十八、六十二、六十三、六十四、六十五、六十六、六十八、七十歲

이상(以上)의 나이에 집을 지으면 모든 일에 재해가 많고 가족에게 손상(損傷)이

있게 되다

四十三、택일(擇日)에 시(時) 잡는 법(法)

혼인이나 상량이나 기도나 이사나 고사나 모든 일을 할 때 어느 시간(時間)을

택(擇)하여야 좋은가? 이것은 그 날 일진 천간(日辰 天干)을 상대로 하여 록(

祿)시나 귀인시(貴人時)를 쓰게 되다 다음을 보라

일진(日辰)이 甲戌 庚 일이면, 고시나 未시가 귀인(貴人)시이니 이 시간을 택(擇)하다

일진(日辰)이 乙 己 일이면 子시나 申시를 택(擇)하다

일진(日辰)이 丙 丁 일 이면 亥시나 酉시를 택(擇)한다

일진(日辰)이 壬 癸일 이면 巳시나 卯시를 택(擇)하다

일진(日辰)이 甲일이면 寅時를 쓰고

乙일이면 卯時를 쓰고 丙戊일이면 巳時를 쓰고

丁己일이면 午時를 쓰고 庚일이면 申時를 쓰고 辛일이면 酉時를 쓰고

壬일이면 子時를 쓰고 癸일이면 亥時를 쓴다

이러한 시(時)를 시간관계(時間關係)로 맞추지 못할 때는 부득이(不得已) 적당(適

當)한 시간(時間)을 택(擇)할 수밖에 없다

233

一. 혼인(婚姻)에 관한 서식 (書式)

사회(社會)에서 알기를 역술인(易術人)이라 하면 모든 것을 잘 아는 선생(先生)

으로 생각하는 때문이지 사주(四柱) 보내는 서식(書式) 또는 혼서지(婚書紙) 쓰는법

제사(祭祀) 축문(祝文) 쓰는법 택기(擇記) 쓰는법을 물어 보는수가 많고 또는 써 달

라는 사람이 많으니 이러한 때에 모른다 할수가 없을 것이니 술서(術書)를 연구하

는 사람은 상식적(常識的)으로 알아 두어야 하므로 다음에 몇가지를 열거(列擧)하

니 참고 하라

(一) 사성(四星) 쓰는 법(法) (四柱)

용지(用紙)는 창호지나 모조지로 하되 길이가 十寸정도 넓이(幅)는 十三寸정도로

하여 이것을 다섯간 으로 한 가운데에 붓글씨로 쓴다 사성(四星)을 주고 받는

것은 즉 운명(運命)을 판단(判斷)해 보기 위해서 전(傳)해진 것이므로 육십갑

자(六十甲子)에 따른 가지(干支)를 쓰는 것이다

甲子 正月 初六日 巳時 生

○○ （本貫） 后人 ○ ○ ○ （신랑성명）

甲子
丙寅
丁卯
乙巳

四星 봉투 (後面)

金生員宅 下執事 入納

四星 봉두 (前面)

謹封

四星

(二) 納幣文

용지(用紙)는 창호지 혹은 모조지를 쓰되 길이는 一尺二寸정도 나비(幅) 二尺

정도로 하여 쓴다 그러나 글 쓰는 법이 초획(初劃) 재획(再劃) 삼획(三劃) 때

가 각각 다르다 산수(間数)는 七행(行)으로 한다

다음 서식(書式)을 보라

初娶 書式

```
時維孟春 (一月孟春 二月仲春 三月季春)

尊體百福僕之 長子 ○○ (이름)

年旣長成 未有伉儷 伏蒙

尊慈許以

令艾 (孫女면 令孫愛) 旣室茲有先人之禮

謹行 納幣之儀 不備伏惟 尊照 上狀

    年 月 日
```

某封 右人 (○婚主○姓名○) 再拜

再娶 書式

```
伏承

嘉命許以

旣室僕之 ○○ (시랑이름) 茲有先人之禮

謹行 納幣之儀 不備伏惟 尊照、謹拜

上狀

    年 月 日
```

某封 右人 ○ ○ ○ 再拜

謹封

근봉은 혼서지(婚書紙) 봉투에 알맞게 접어 약 三寸길이로 잘라서 三개를 써서 보
내되 三개가 다 서식(書式)이 달라야 된다 다음을 보라

謹封　謹封　謹封　謹封

二. 지방(紙榜)·명정(銘旌)·축문(祝文) 쓰는 法

(一) 지방 쓰는 법

지방은 백지(白紙)로 신주(神主)를 만두 것인데 옛날에는 밤나무로 만들어 사용하였으나 지금은 지방이나 사진으로 대용(代用)하다

◎ 高祖父母 (두분 모실 때)

顯高祖考學生府君 神位

顯高祖妣孺人○○○氏 神位

◎ 曾祖父母 (두분 모실 때)

顯曾祖考學生府君 神位

顯曾祖妣孺人○○○氏 神位

◎ 祖父母 (두분 모실 때)

顯祖考學生府君 神位

顯祖妣孺人○○○氏 神位

◎ 父母 (두분 모실 때)

顯妣孺人 ○○○氏 神位

顯考學生府君 神位

◎ 父 (아버지만 모실 때)

顯考學生府君 神位

◎ 男便 (남편만 모실때)

顯辟學生府君 神位

◎ 妻 (남편이 처를 모실때)

故室孺人 ○○○氏 神位

(二) 명정(銘旌) 쓰는 법(法)

學生 ○○(本貫) 公 ○○(이름) 之 柩

(三) 祝文

◎ 虞祭祝文

維 歲次 某年 某月 〇〇 朔　日 日辰 奉祀者方榜或以告

顯考學生 府君

日月不居 庵及 初虞 夙興夜處 哀慕不寧　謹以 清酌庶羞 哀薦祫事 尚

饗

◎ 小祥祝

維 歲次 某年 某月 〇〇 朔　日 日辰 奉祀者孝子某以告 敢昭告于

顯考學生 府君

日月不居 庵及小祥 夙興夜處 哀慕不寧　謹以 清酌庶羞 陳此奠儀 尚

饗

※ 大祥 매에는 庵及小祥의 小祥을 大祥이라 쓴다

◎ 忌祭祝 (방안 제사 ─ 父母 두분을 모실때)

維 歲次 某年 某月 〇〇 朔　日 日辰 孝子 〇〇(名) 敢昭告于

顯考學生 府君

240

顯妣孺人某封某氏

顯考（몯제사에는 顯妣） 歲序遷易

諱日復臨　追遠感時　昊天罔極　謹以淸酌庶羞　恭伸　奠獻　尚

饗

顯辟府君　歲序遷易

諱日復臨　追遠感時　不勝感愴　謹以淸酌庶羞　恭伸　奠獻　尚

◎ 男便　忌祭祝

維　歲次　某年某月　○○朔　日（日辰）　主婦（名）　敢昭告于

饗

◎ 妻　忌祭祝

維　歲次　某年某月　○○朔　日（日辰）　夫　敢昭告于

故室　某封某氏　歲序遷易

諱日復至　追遠感時　不自勝感　玆以淸酌庶羞　伸此奠儀　尚

饗

第五節 부작법 (符作法)

一. 병부법 (病符法)

대개 부작을 쓸 때에 입에 물을 머금고 치아(齒牙)를 세번 움직인 뒤에 동방(東方)으로 향하여 물을 뱉고 다음과 같은 주문(呪文)을 외다

질출혁혁양양(叱出赫赫陽陽) 일출동(日出東方) 오칙차부(吾勅此符) 보제불상(普濟不祥) 구도삼매지화(口吐三昧之火) 복비문읍지광(服飛門邑之光) 착괴(捉怪) 사처불역 사(使天逢力士) 파질용여적(破疾用穢跡) 금강(金剛) 항복(降服) 오괴(妖怪) 좌 위길상(化爲吉祥) 급급여율령(急急如律令)

다음으로는 한 밤중에 주문(呪文)이 끝난 뒤에 진주(眞朱)인 경면주사(鏡面朱砂)로 써야만 효력(効力)을 발생(發生)하다

날짜별(日字別)로 기재(記載)되어 있으니 각자(各自)가 득병일(得病日)의 일진(日辰)을 중심(中心)으로 하여 성심(誠心) 축원(祝願)하고 사용(使用)함을 요(要)한다

이 부작(符作)을 써서 문위에 붙이면 대길(大吉)하다 또 잡귀를 퇴송할 때에는 백지 三장을 밥 三그릇을 담아서 성조에 기도하고 퇴송하라

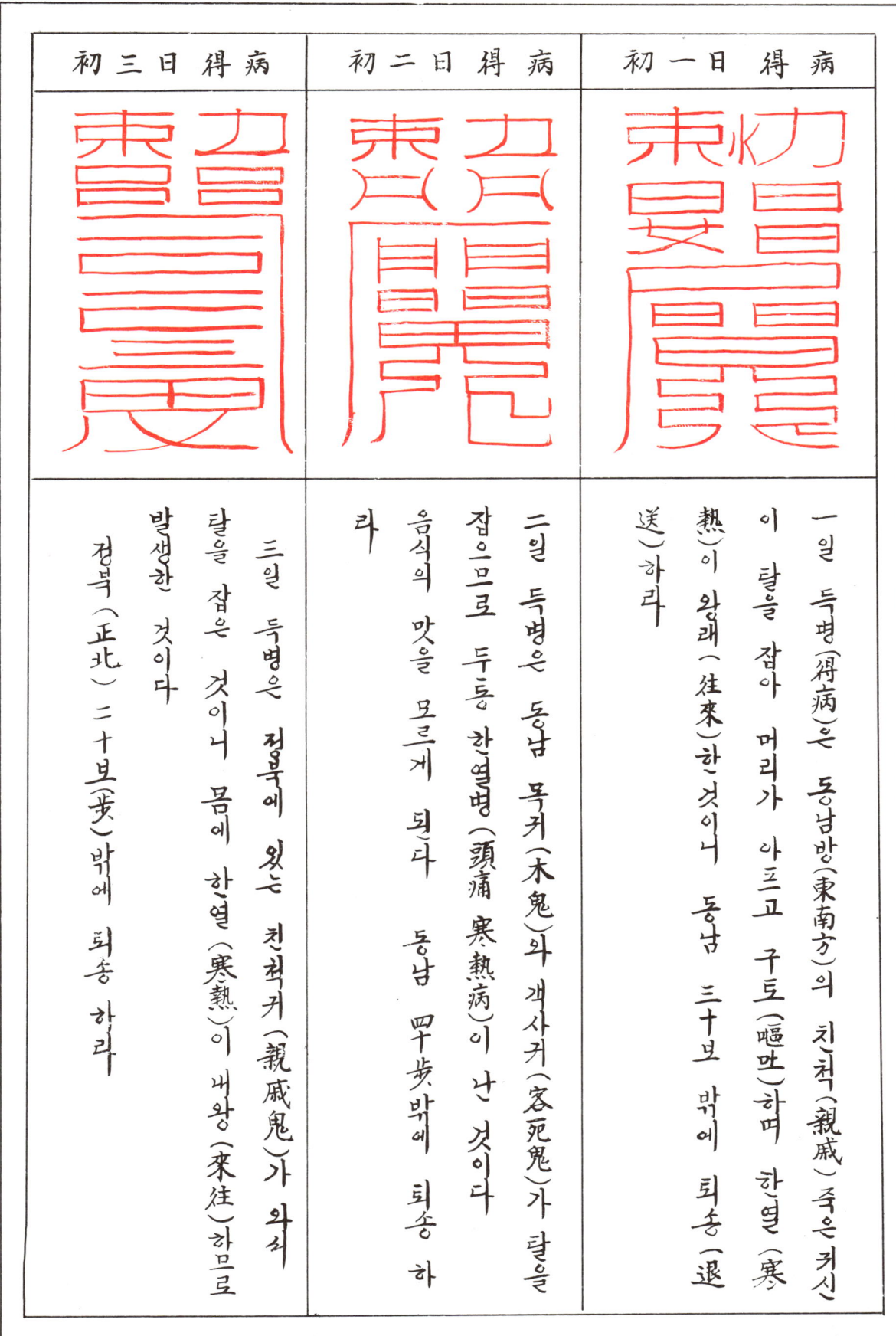

初 三 日 得 病	初 二 日 得 病	初 一 日 得 病

一일 득병(得病)은 동남방(東南方)의 치척(親戚) 죽은 귀신이 탈을 잡아 머리가 아프고 구토(嘔吐)하며 한열(寒熱)이 왕래(往來)한 것이니 동남 三十보 밖에 퇴송(退送)하라

二일 득병은 동남 목귀(木鬼)와 객사귀(客死鬼)가 탈을 잡으므로 두등 한열병(頭痛 寒熱病)이 난 것이다 음식의 맛을 모르게 되다 동남 四十보밖에 퇴송 하라

三일 득병은 집북에 있는 친척귀(親戚鬼)가 와서 탈을 잡은 것이니 몸에 한열(寒熱)이 내왕(來往)하므로 발생한 것이다 정북(正北) 二十보(步) 밖에 퇴송 하리

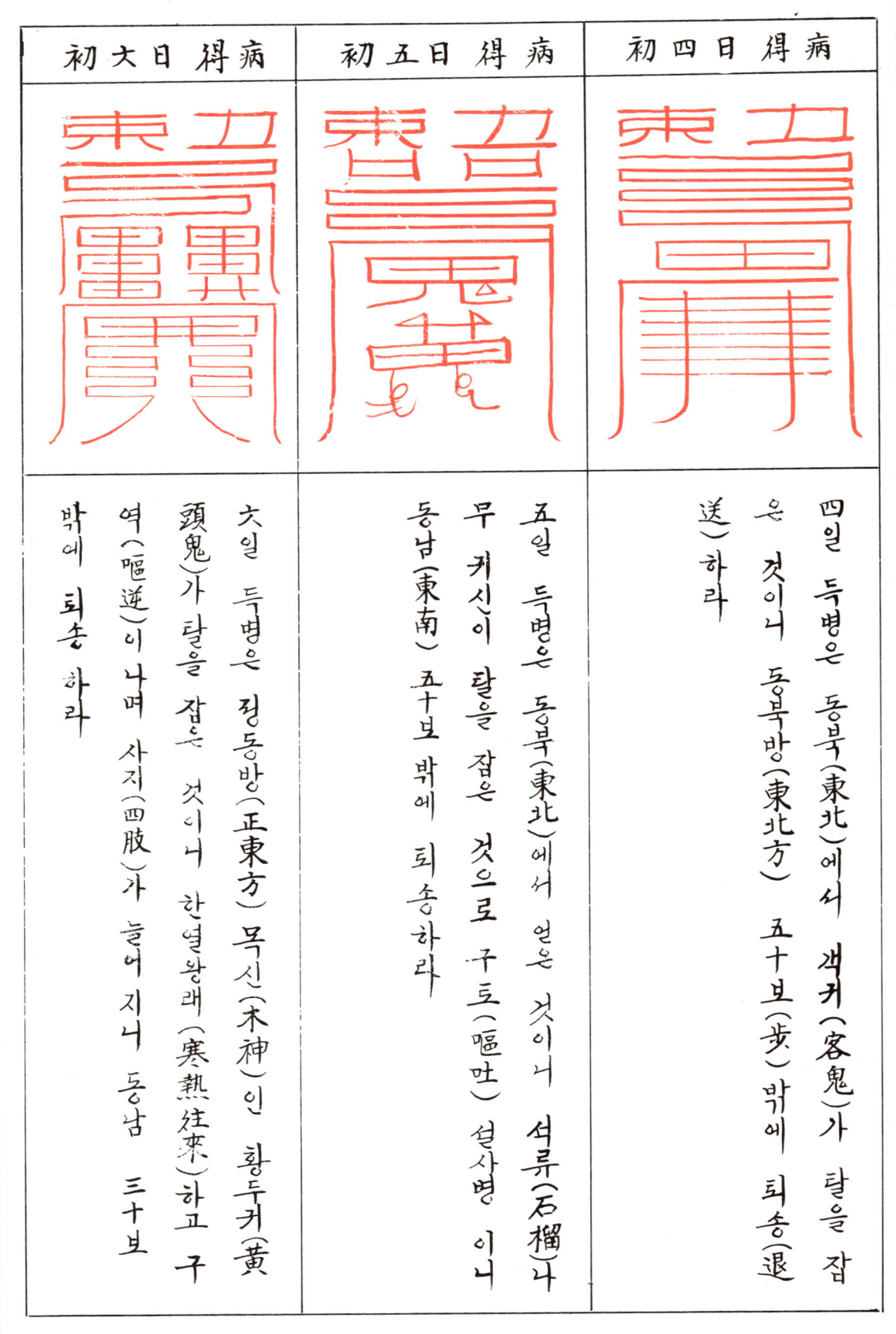

四일 득병은 동북(東北)에서 객키(客鬼)가 탈을 잡은 것이니 동북방(東北方) 五十보(步) 밖에 퇴송(退送) 하라

五일 득병은 동북(東北)에서 얻은 것이니 석류(石榴)나무 키신이 탈을 잡은 것으로 구토(嘔吐) 설사병 이니 동남(東南) 五十보 밖에 퇴송하라

六일 득병은 정동방(正東方) 목신(木神)인 황두키(黃頭鬼)가 탈을 잡은 것이니 한열왕래(寒熱往來)하고 구역(嘔逆)이 나며 사지(四肢)가 늘어지니 동남 三十보 밖에 퇴송 하라

初九日 得病	初八日 得病	初七日 得病

동북(東北) 二十보(步) 밖에 퇴송하라

달을 잡으 것이다 음식(飲食) 생각이 없다

九일 득병으 정남방(正南方) 친척 여귀(親戚 女鬼)가

정남(正南) 三十보(步) 밖에 퇴송(退送)하라

달을 잡으 병이니 구역(嘔逆)질이 나는 것이다

八일 득병으 동북(東北) 토지신(土地神)인 여귀(女鬼)가

동북(東北) 三十보(步) 밖에 퇴송(退送)하라

잡으 것이니 무릎이 아프고 한열 왕래(寒熱往來)하니 달을

七일 득병으 동남(東南) 토지신(土地神)인 노귀(老鬼)가 달을

十二日得病	十一日得病	初十日得病

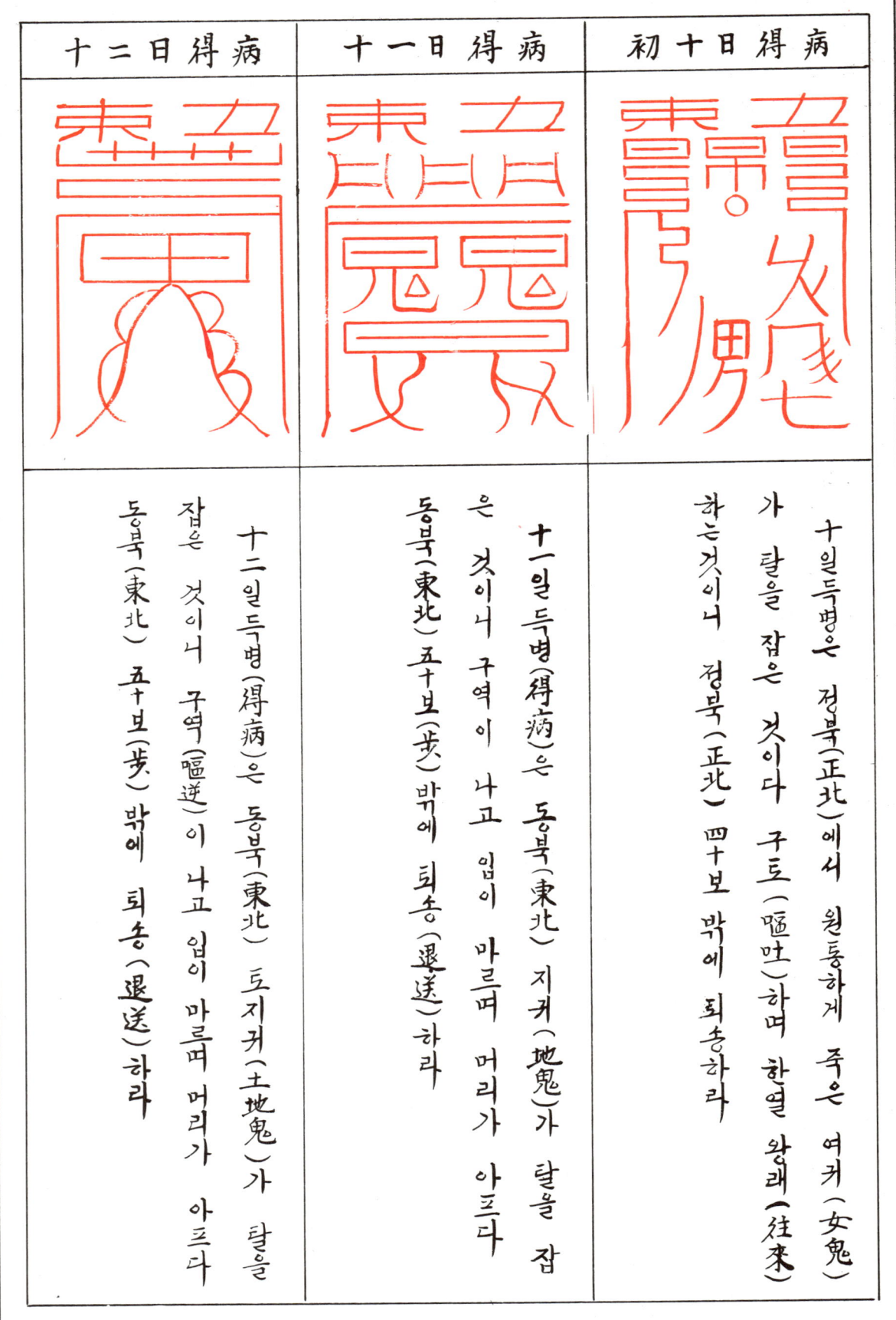

十이日득병(得病)은 동북(東北) 토지귀(土地鬼)가 탈을 잡은 것이니 구역(嘔逆)이 나고 입이 마르며 머리가 아프다 동북(東北) 五十보(步) 밖에 퇴송(退送)하라

十一일득병(得病)은 동북(東北) 지귀(地鬼)가 탈을 잡은 것이니 구역이 나고 입이 마르며 머리가 아프다 동북(東北) 五十보(步) 밖에 퇴송(退送)하라

十일득병은 정북(正北)에서 원통하게 죽은 여귀(女鬼) 가 탈을 잡은 것이다 구토(嘔吐)하며 한열 왕래(往來) 하는 것이니 정북(正北) 四十보 밖에 퇴송하라

246

十五日 得病	十四日 得病	十三日 得病

十三日득병(得病)은 정동(正東)에서 가신귀(家神鬼)가 탈을 잡은 것이나 수족(手足)이 냉(冷)하고 음식(飮食) 맛이 없으나 동북(東北) 五十보(步) 밖에 퇴송(退送) 하라

十四日득병(得病)은 동북(東北) 소녀귀(小女鬼)가 탈을 잡은 것이니 사지(四肢)가 늘어지고 음식(飮食) 맛을 잃어 버린다 정동(正東) 三十보(步) 밖에 퇴송(退送) 하라

十五日득병(得病)은 정남(正南) 수화귀(水火鬼)가 탈을 잡은 것이니 하열왕래(寒熱往來)하고 음식맛이 없다 정남(正南) 三十보 밖에 퇴송(退送)하라

十八日得病	十七日得病	十六日得病

十六일득병은 서남(西南)의 친척귀(親戚鬼)가 탈을 잡은 것이니 두통(頭痛)이 생기고 한열(寒熱)이 왕래(往來)하다 정서(正西) 三十보(步) 밖에 되송(退送)하라

十七일득병(得病)은 서방 소년귀(少年鬼)가 탈을 잡은 것이니 음식(飮食)에 체(滯)한 병(病)으로 사지(四肢)가 노곤하다 정서 三十보 밖에 되송하라

十八일득병(得病)은 서남(西南) 음식귀(飮食鬼)가 탈을 잡은 것이니 서남(西南) 三十보밖에 되송(退送)하라

二十二日得病	二十日得病	十九日得病

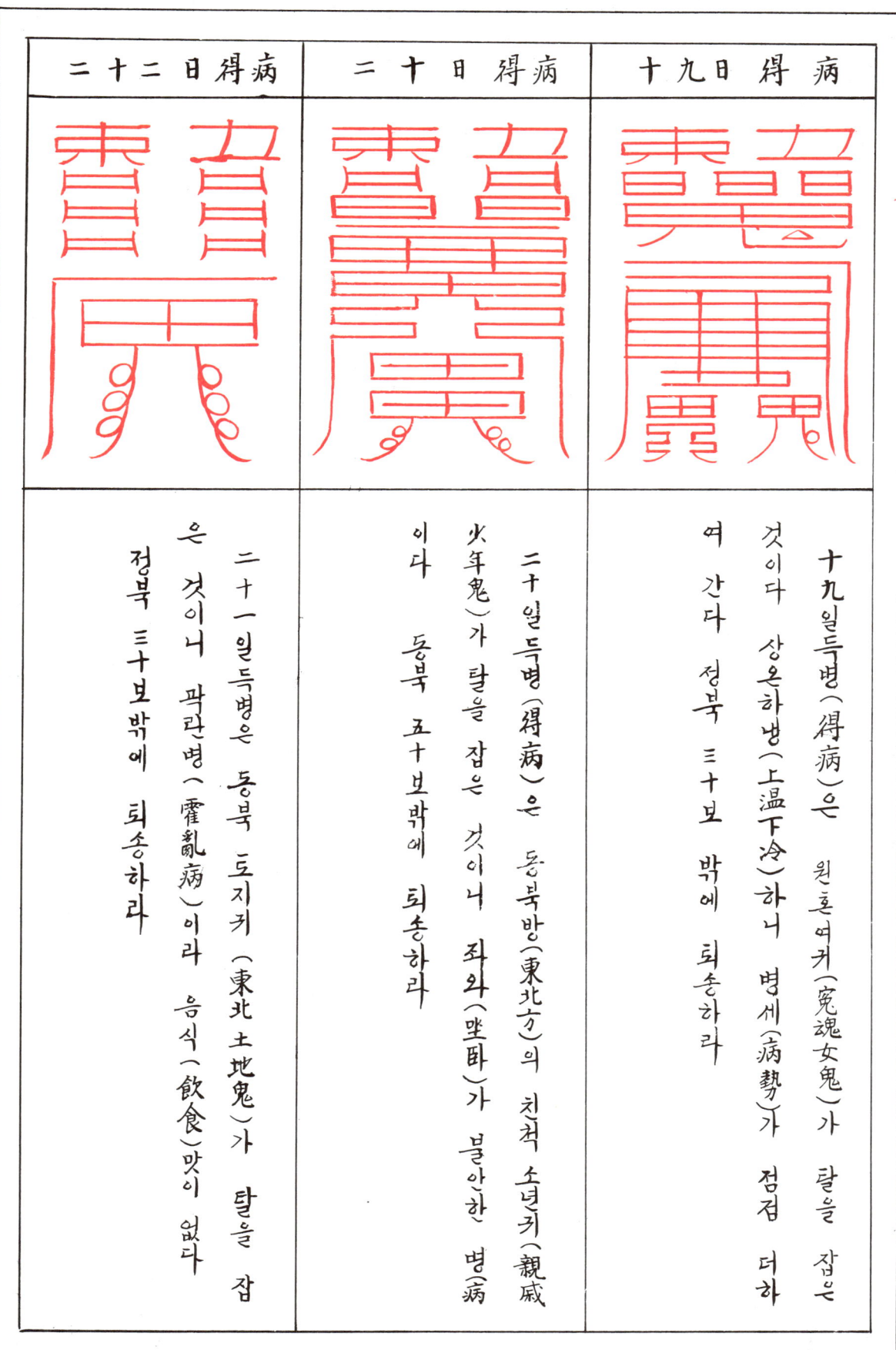

十九일득병(得病)은

원혼여귀(冤魂女鬼)가 탈을 잡으

것이다 상온하병(上溫下冷)하니 병세(病勢)가 점점 더하

여 간다 정북 三十보 박에 되송하라

二十일득병(得病)은 동북방(東北方)의 치척 소년귀(親戚

火年鬼)가 탈을 잡은 것이니 좌와(坐臥)가 불안한 병(病

이다 동북 五十보박에 되송하라

二十一일득병은 동북 도지키(東北土地鬼)가 탈을 잡

으 것이니 파란병(霍亂病)이라 음식(飲食)맛이 없다

정북 三十보박에 되송하라

二十四日得病	二十三日得病	二十二日得病

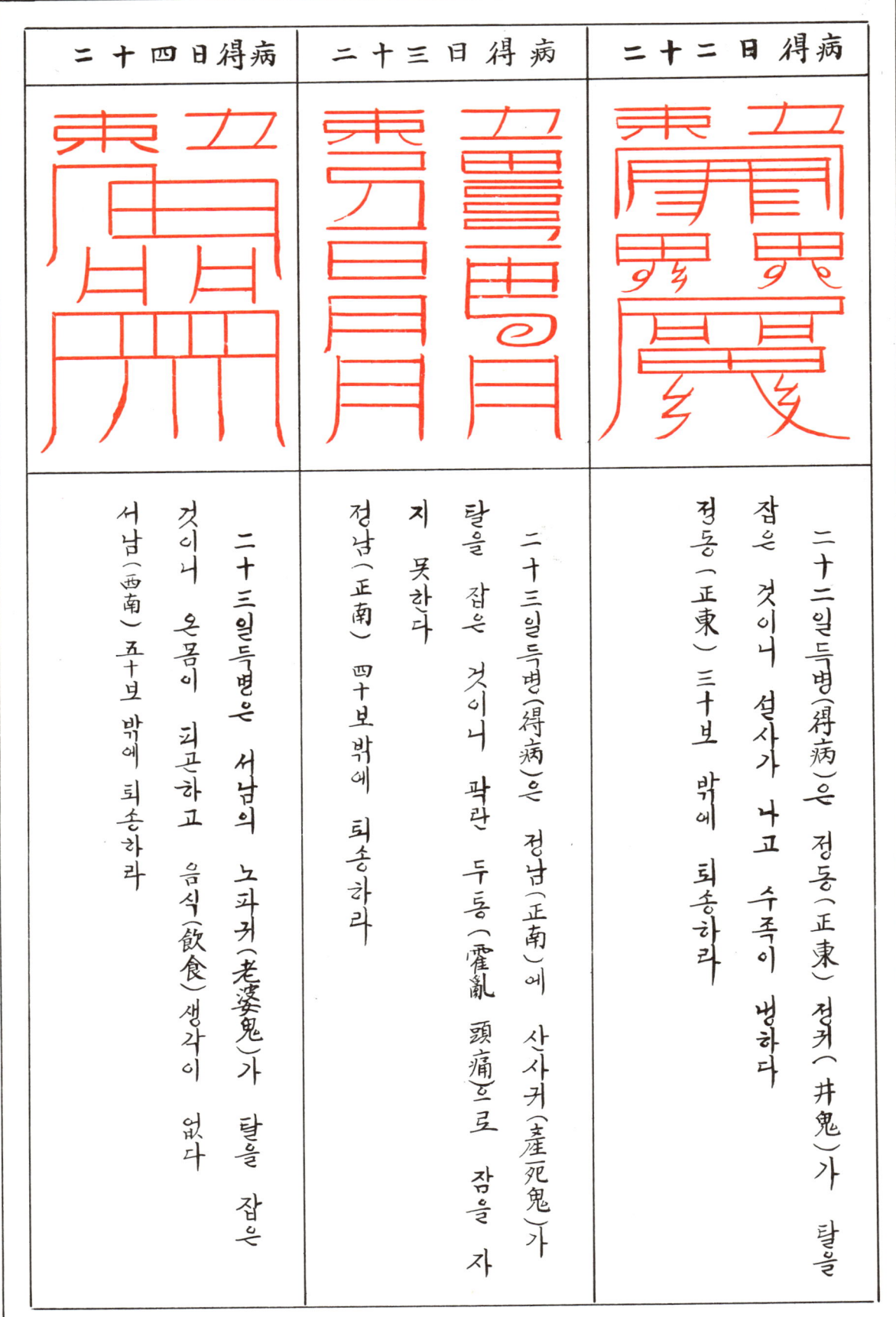

二十二일득병(得病)은 정동(正東) 정귀(井鬼)가 탈을 잡은 것이니 설사가 나고 수족이 병하다

정동(正東) 三十보 밖에 퇴송하라

二十三일득병(得病)은 정남(正南)에 산사귀(產死鬼)가 잠을 자지 못한다

탈을 잡은 것이니 곽란 두통(霍亂頭痛)으로

정남(正南) 四十보 밖에 퇴송하라

二十三일득병은 서남의 노파귀(老婆鬼)가 탈을 잡은

것이니 온몸이 피고하고 음식(飲食) 생각이 없다

서남(西南) 五十보 밖에 퇴송하라

二十七日 得病	二十六日 得病	二十五日 得病

二十五일득병은 서부에서 화신(火神)이 탈을 잡은 것이니 머리가 아프고 정신(精神)이 혼미(昏迷)하다

정서 四十보 밖에 퇴송 하라

二十六일득병은 정서방 금신노귀(金神老鬼)가 탈을 잡은 것이니 한열(寒熱)이 왕래(往來)하며 낮에는 경(輕)하고 밤에는 더하다

서방 二十보밖에 퇴송하라

二十七일득병은 정동 소년 남녀불합귀(少年男女不合鬼)가 탈을 잡은 것이니 골이 아프고 다리가 아프며 사지(四肢)가 느른하다

정동 三十보밖에 퇴송하라

三十日 得病	二十九日 得病	二十八日 得病
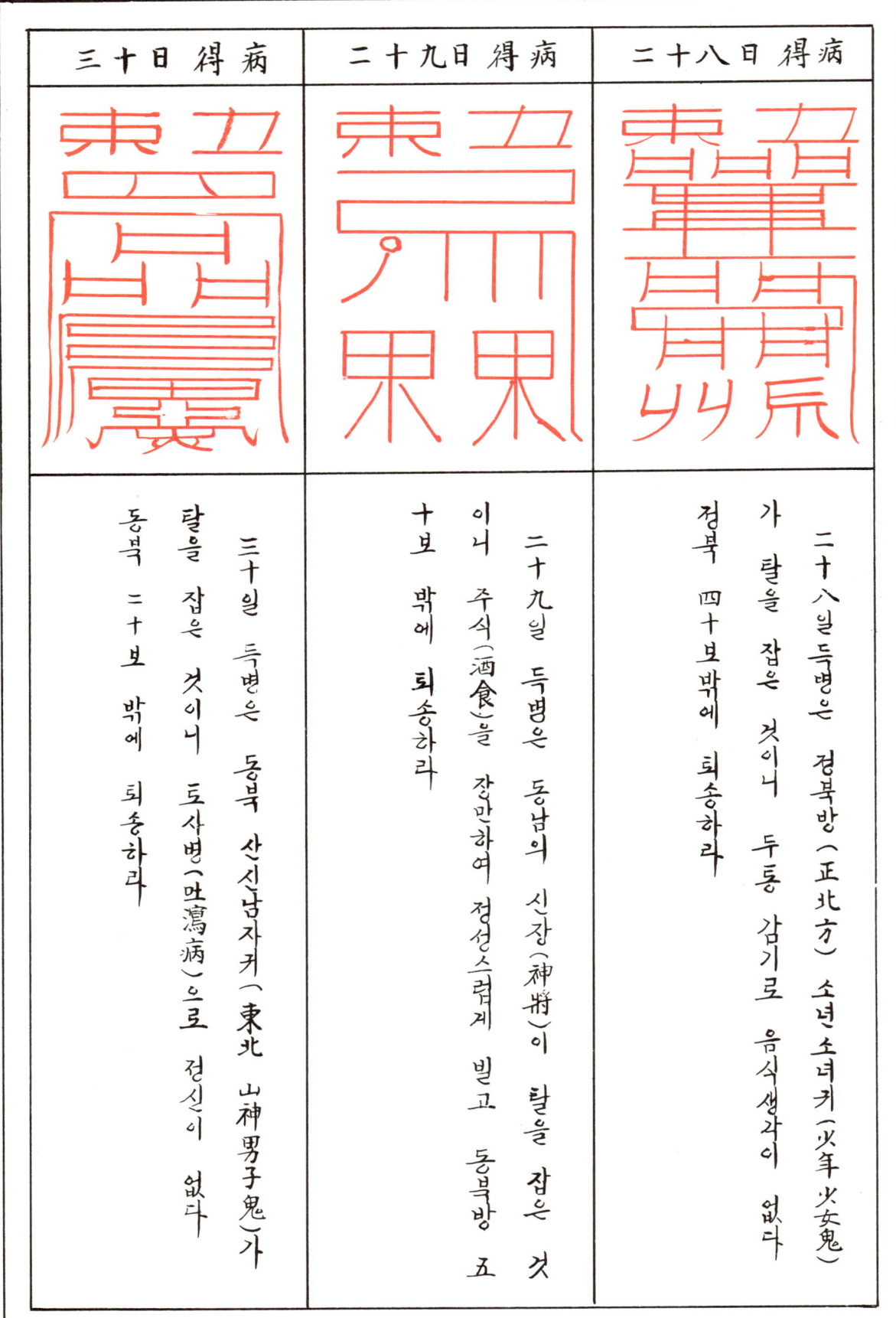		

三十일 득병은 동북 산신남자귀(東北 山神男子鬼)가 탈을 잡은 것이니 도사병(吐瀉病)으로 정신이 없다

동북 二十보 박에 퇴송하라

二十九일 득병은 동남의 신장(神將)이 탈을 잡은 것이니 주식(酒食)을 장만하여 정성스럽게 빌고 동북방 五十보 박에 퇴송하라

二十八일 득병은 정북방(正北方) 소년소녀귀(火年火女鬼)가 탈을 잡은 것이니 두통 감기로 음식생각이 없다

정북 四十보밖에 퇴송하라

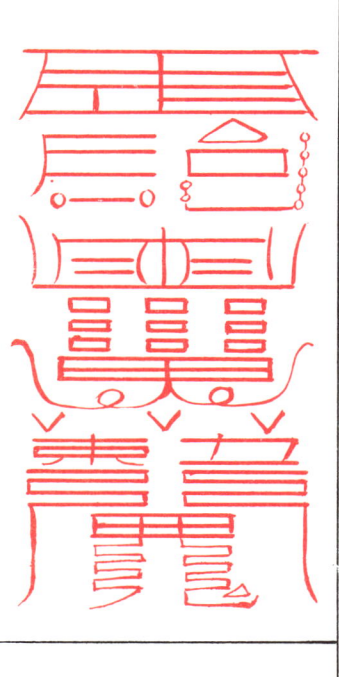

위의 부작은 아무 몸에 사용하여도 좋으니 아무 날이나 그리어 몸에 지니고 다니면 길하다

二 동토부 (動土符)

사람이 사는데에 동토(動土) 동석(動石) 동목(動木)을 아니할 수 없다. 혹 이러한 것을 다루다가 탈이 날 때에 다음과 같은 주문(呪文)을 읽고 부작(符作)을 그려 동토(動土) 동석(動石) 동목(動木)한 곳에다가 불이면 제액(諸厄)이 소멸(消滅) 된다고 한다

(경문) 오작교서 (烏鵲支棲) 부지동서남북 (不知東西南北) 누의굴지 (螻蟻掘地) 부지동서남북 (不知東西南北) 백운무정처 (白雲無定處) 경신년 (庚申年) 경신월 (庚申月) 경신일 (庚申日) 경신시 (庚申時) 강태공하마처 (姜太公下馬處) 엄엄 금금여율령 (唵唵 急急如律令)

백사동토부 (百事動土符)	조왕동토부 (竈王動土符)	동토부 (動土符)

동석부 (動石符)

동목부 (動木符)

날 때 쓰는 것이라 한다 동한 곳에 붙여라

동토라 말한다 이 부작은 어떤 물건을 다루다가 탈이

도석목(土石木) 외에 모든 물품을 다루어 탈난 것을 백사

사람이 살자면 만물을 움직이지 않을 수가 없으니

그 곳에 붙이면 영험하라

아궁이를 다루어 탈이 나면 위와 같은 부작을 그려

대장군부 (大將軍符)

이 부작은 동토 동석 동목부를 쓸 때에 병용(並用)하는 것이다

三 기타 부작 (其他 符作)

◎ 생사 팔문부 (生死 八門符)

다음에 그려 있는 팔문부 (八門符) 는 조화 (造化) 가 무궁 (無窮) 하다 한다 주(周) 나라 강태공선생 (姜太公先生) 과 한(漢)나라 삼국시대 (三國時代) 공명선생 (孔明先生) 들이 전쟁을 하실때 많이 사용한 것이라 한다 이 부작은 모용 (妙用) 이 많다 한다

이 부작은 도사 (道士) 라야 잘 이용 (利用) 하리라고 믿는다

대개 가옥 (家屋) 을 가지고 시비 (是非) 할 때 시비 (是非) 되는 집 처마밑에 묻으면 이 집을 남에게 탈취 (奪取) 당 (當) 하지 아니한다 함이다

255

화합부 (和合符)	경문부 (景門符)	휴문부 (休門符)

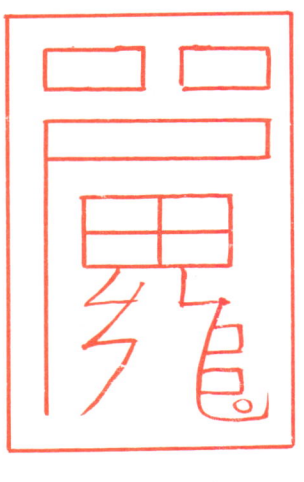

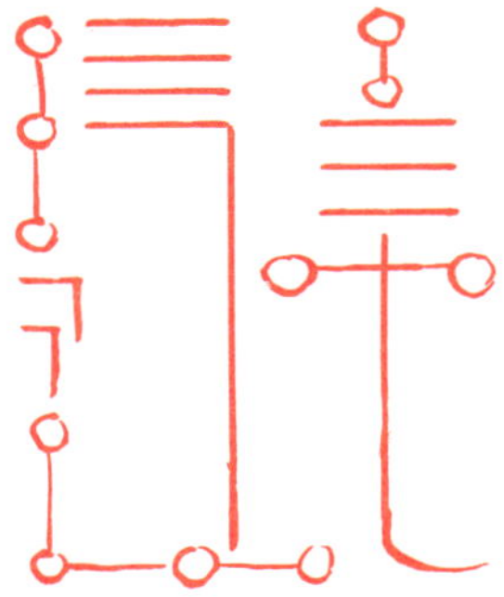

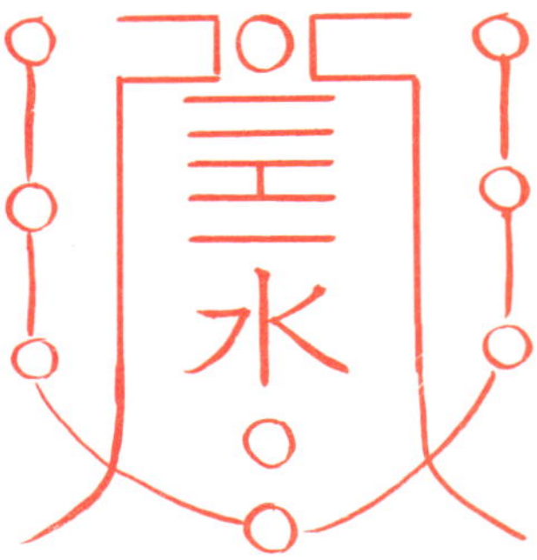

사문부 (死門符)	생문부 (生門符)

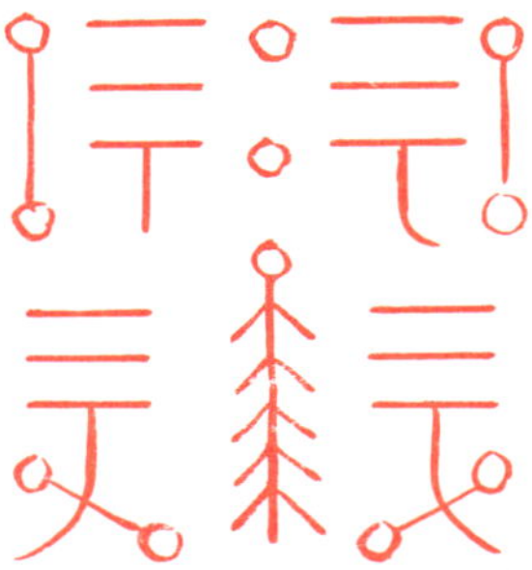

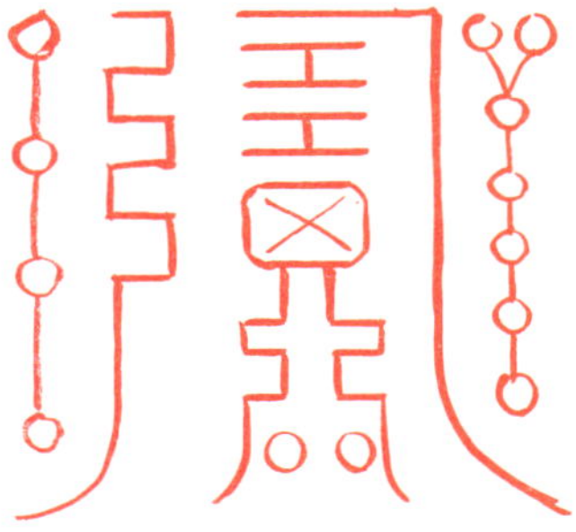

경문부 (驚門符)	상문부 (傷門符)

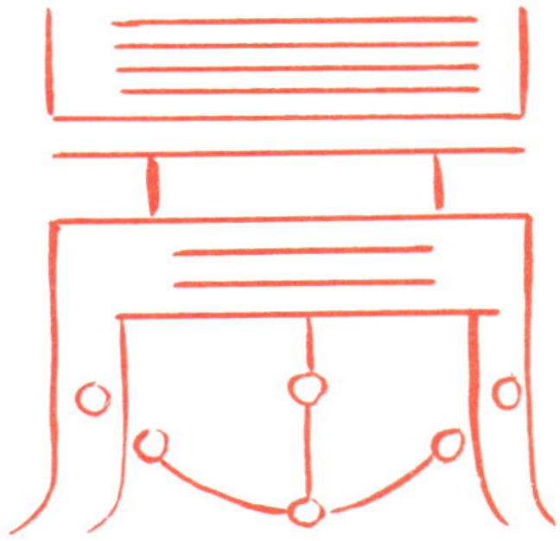

개문부 (開門符)	두문부 (杜門符)

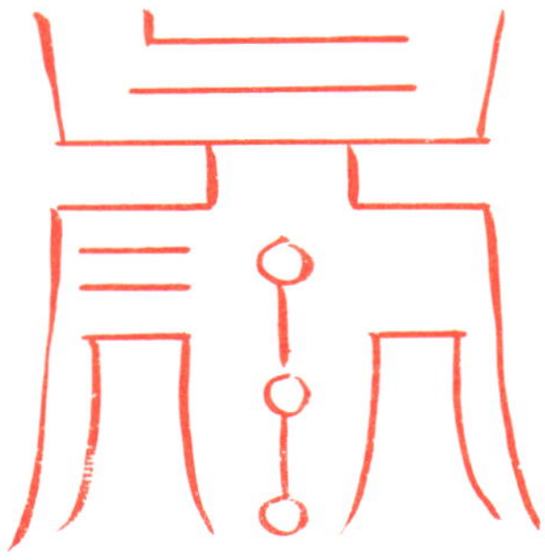

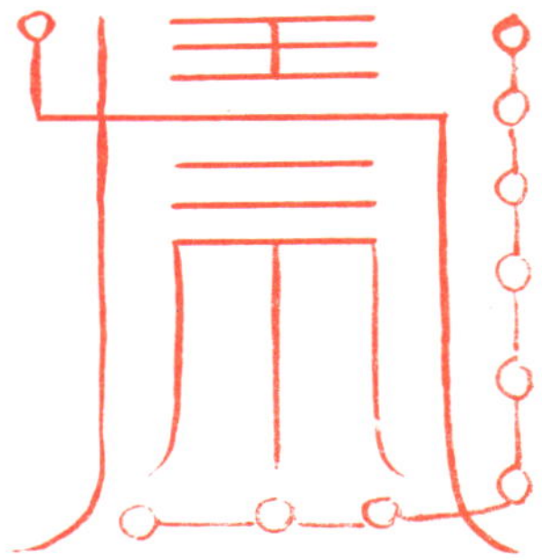

화합(和合)하게 된다

웃 왼쪽 속에 지니고 다니면 자연히 부부(夫婦)가

기를 잘하면 위와 같은 부작을 그리어 각각 한장씩

부부(夫婦)가 불합하고 서로 뜻이 맞지 못하여 다투

화재 예방부(火灾豫防符)	절병소제증복수부	금은 자래 부커부
도적불침부(盜賊不侵符)	부부 자손 화합 장수부	정도 구락부
대초관직소 멸부관적부	가택평안부(家宅平安符)	게커 진압부(諸鬼鎭壓符)

소원성취부 (所願成就符)	관재불입부 (官災不入符)	퇴 액 부 (退厄符)
위와 같은 부작(符作)을 그려 자기(自己)의 연령수(年齡數)에 따라 매수(枚數)를 소지(燒紙)하여 물을 타서 목욕하고 또는 몸에 가지면 재수(財數)가 대통(大通) 한다	이 부작(符作)을 그려 왼쪽 옷속에 지니고 다니면 자연(自然)히 관재(官災) 구설(口舌)이 없어진다	위와 같은 부작(符作)을 그려 왼쪽 옷속에 차고 다니면 모든 액이 자연 소멸(消滅) 된다

위와 같은 부작을 그리어 몸에 가지면 가정（家庭）

이 화합（和合）하고 소원（所願）이 필성（必成）한다 반

드시 주사（朱砂）로 써야 한다

위와 같은 부작을 그리어 문위에 붙이면 의복（衣服）

과 산을 잃어버리지 아니한다 또 옷속에 넣고 원행

（遠行）하면 돈을 잃지 아니한다

위와 같은 부작을 그려 문위에 붙이면 가구（家具）

의 도난（盜難）을 당하지 않는다

산신부(産神符)	피봉부	첩을 떼는 부작

위의 부작을 그리어 산모가 몸에 지니고 있으면 아기를 순산한다

위의 부작을 그리어 대문에 붙이면 모든 잡귀는 집안에 접근하지 못한다

위의 부작을 그리어 옷속에 지니고 다니면 지 연히 첩은 물러나게 된다

선박(船舶)및차(車)삼고 방지부	조왕(竈王) 안 정 부	가구(家具) 도난방지부
부부 화 합 부	조금(鳥禽) 불침부	야수(野獸) 불침부
수 면 부(睡眠符)	가력 안정부(家宅安定符)	수액 방지부(水厄防止符)

초구령삼정부（招九靈三精符）

구령과 삼정을 부르는 부적이다. 이 부적을 봉안하고 마음에 드는 경을 외우면 영보장생（永保長生）하고 소원을 성취한다.

구도선인부（求道仙人符）

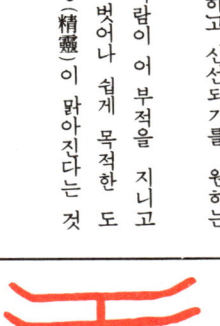

도（道）를 통하고 신선되기를 원하는 부적이다.

도를 닦는 사람이 이 부적을 지니고 있으면 번뇌를 벗어나 쉽게 목적한 도를 통하며 정령（精靈）이 맑아진다는 것이다.

해오행구요부（解五行九曜符）

이 부적을 써붙고 성심으로 기도한 뒤 북향（北向）하고 서서 불에 태워 버리면 모든 삼재팔난（三災八難）에서 벗어나고 선신（善神）이 항상 몸을 보호해준다.

제삼재팔난부（除三災八難符）

이 부적을 정성들여 써서 항상 몸에 지니고 있으면 삼재팔난（三災八難）이 침범치 못하고 귀사（鬼邪）가 멀리 도망가며 관재구설이 자연 소멸된다.

침아고질부（沈痾痼疾符）

병들은 사람이 병원에서 의사의 치료를 받거나 약을 써도 낫지 않을 때는 이 부적을 써 붙이고 축원한 다음 불살라 버리면 곧 질병이 물러간다.

관재구설부（官災口舌符）

이 부적을 정성들여 써서 신령（神靈）에게 축원한 뒤 몸에 지니고 있으면 관재（官災）, 시비（是非）, 쟁송（爭訟） 및 구설（口舌）이 침범치 않는다.

262

토황신살금기부（土皇神殺禁忌符）

이 부적을 써서 항상 몸에 지니고 있으면 토황신살（土皇神殺）이 침범치 못하므로 상서롭지 못한 일이 생기지 않고 악몽（惡夢）이나 질병 및 재앙을 물리치게 된다.

화목창성생자부（和睦昌盛生子符）

혼인 후에 이 부적을 써서 동쪽으로 뻗은 복숭아나무 가지에 매어달고 주사（朱砂）로 黃白大將軍이라 써서 옥상（屋上）에 꽂아두면 부부가 화목하고 가정이 창성하며 귀자（貴子）를 낳게 된다.

오서사충부（烏鼠蛇蟲符）

갖가지 상서롭지 못한 벌레 또는 짐승이 집안에 침범하거나, 개, 돼지, 우마（牛馬）의 해를 받거나, 또 집안에 음사（淫邪）가 생기고 살상（殺傷）이 일어날 경우 이 부적을 써서 기도하고 불사르면 이상과 같은 재앙이 사라진다.

제요멸사좌마부（除妖滅邪坐魔符）

요귀 및 사마（邪魔）를 제압하는 부적이다. 집안에서 밤중에 이상한 소리가 나거나 무단히 우환이 생기거나 괴이한 일이 일어나면 요귀의 장난이니 이 부적을 써놓고 기도하면 요마가 자연 사라지며 가택이 편안하다.

소제고완초도조현부「除蠱蝹超度祖玄符」

장사（葬事）를 지낸 뒤 관구（棺柩）에 벌레나 나비 같은 것이 생기면 집안에 재앙이 이르는데 이러할 때에 이 부적을 써서 기도하고 불사르면 재앙이 자연 사라진다.

수륙원행부　小陸遠行符

수륙（水陸）을 막론하고 먼곳으로 여행을 떠나는 사람이 일신을 보호해달라는 부적이다. 이 부적을 지니고 먼길을 떠나면 객중（客中）에서 질병이 침범치 않고 신상의 안전을 보호하며 목적을 쉽게 달성한다.

만사자이부(萬事自移符)

만사를 임의대로 할 수 있도록 해달라는 부적이다.

특히 이 부적은 토지나 가옥(家屋)을 잘 팔리도록 해달라는 부적이니 주사로 그려 내실 문에 붙여두고 한장은 몸에 지니면 매매가 순조롭다.

면재횡부(免災橫符)

재앙과 횡액을 면해달라는 부적이다.

재앙과 횡액이 빈번한 사람은 이 부적을 깨끗한 암실에 봉안하고 북향으로 머리를 조아려 百日을 기도하면 지혜가 맑아지고 千日을 기도하면 장수향복(長壽享福)한다.

보경공덕부(寶経功德符)

이 부적을 그려 지성으로 봉안하면 집안에 경사가 이르고 착한 일을 좋아하면 생하며, 살아서 착한 일을 좋아하면 천존의 위력으로 부귀 다남하게 소원을 성취시켜 준다.

문경멸죄부(聞経滅罪符)

경문을 듣고 죄를 소멸해 달라는 부적이다. 마음이 바르지 못하거나 품행이 단정치 않고 언어가 거친 사람이 개과천선(改過遷善)코져 하면 이 부적을 몸에 지니고 기도하면 모든 죄가 소멸된다.

옴마니발묘부(唵摩尼発妙符)

이 부적을 몸에 지니고 다니면 모든 잡귀(雜魂)와 사마(邪魔)가 침범치 않으며 천존(天尊)이 항시 보호해준다.

도우기정지양 수재화액부(禱雨祈晴止禳水災火厄符)

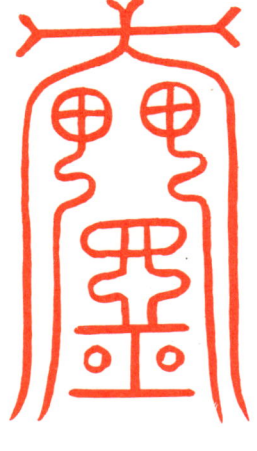

가뭄에 비를 빌고 장마에 수재를 막아주며 화재도 막아주는 부적이다.

이 부적을 몸에 지니면 홍수(洪水), 한재(旱災) 및 기타의 수화(水火)에 대한 액이 침범치 않는다.

264

오뢰치백부(五雷治百符)

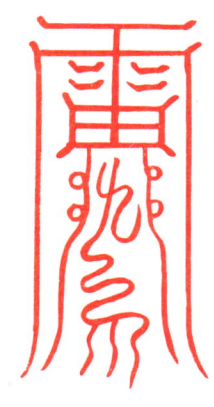

뇌성을 진압하고 백가지 병을 다스리는 부적이다.

이 부적을 써서 몸에 지니면 모든 재앙이 침범치 않으며 백가지 질병도 자연 치료료된다.

치백사부(治百事符)

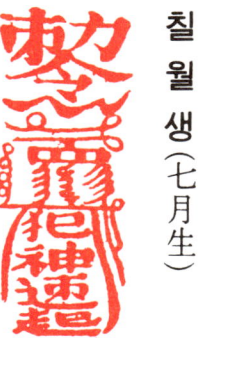

백가지 일을 경영함에 뜻대로 되어달라는 부적이다.

이 부적을 써서 항상 몸에 지니고 있으면 모든 일이 순조롭게 진행된다.

出生月符箱

출생한 달의 다음에 해당하는 부작을 몸에 지니면 언제나 大吉하다.

일월 생(一月生)

이 월 생(二月生)

십일월생(十一月生)

십이월생(十二月生)

구 월 생(九月生)

시 월 생(十月生)

칠 월 생(七月生)

팔 월 생(八月生)

오 월 생(五月生)

유 월 생(六月生)

삼 월 생(三月生)

사 월 생(四月生)

별
상
님

불사 할머니

사 해 용 왕

백
마
신
장

대 신 할 머 니

명도령

오 방 신 장

최 일 장 군

他의 追從을 不許하는 決定版!

原本秘傳 그림唐四柱

初 版 發 行 ● 1972年　11月　　1日
重 版 發 行 ● 2024年　　8月　14日

編著者 ● 金 于 齋
發行者 ● 金 東 求

發行處 ● 明 文 堂(1923. 10. 1 창립)
　　　　서울시 종로구 윤보선길 61(안국동)
　　　　국민은행 006-01-0483-171
　　　　전화 02)733-3039, 734-4798, 733-4748(영)
　　　　팩스 02)734-9209
　　　　Homepage　www.myungmundang.net
　　　　E-mail　mmdbook1@hanmail.net
　　　　등록　1977. 11. 19. 제1~148호

정가 **35,000**원
ISBN 89-7270-288-9 (12140)